Mary Ward

GROSSE GESTALTEN DES GLAUBENS
Herausgegeben von P. Gerhard Eberts

Mary Ward

von M. Immolata Wetter

I. B. M. V.

Pattloch

Bildnachweis

Alinari, Florenz (48)
Alte Pinakothek, München (39 l)
Bayerische Staatsbibliothek, München (34)
British Museum, London (77)
Pinacoteca Ambrosiana, Mailand (39 r)
Tanner, Nesselwang (7, 10, 13, 14, 15, 19, 20, 22, 26, 27, 30, 35 r, 51, 74 r)
Archiv des Institutes der Engl. Fräulein (2, 8, 11, 13, 18, 28, 32, 35 l, 38, 41, 42, 44, 46, 55, 56, 58, 61, 62, 65, 67, 74 l)

Seite 2: Die Pilgerin, Original im I. B. M. V., Augsburg, 1733

© 1985 Paul Pattloch Verlag, Aschaffenburg
Satz: Druckhaus Goldammer, Scheinfeld
Reproduktion: Osiris, München
Druck und Einband: Brepols N.V., Turnhout
Printed in Belgium
ISBN 3-557-91316-3

Inhalt

Vorwort — 6

»Du nahmst mich in deine Sorge auf«
Kindheit und Jugend 1585–1606 — 7

»Ich flehte zu ihm, daß sein Wille geschehe«
Auf der Suche nach dem Weg 1606–1609 — 20

»Ich sollte etwas anderes tun. Ich verstand, daß es etwas Gutes und der Wille Gottes sein werde«
Das »Andere« 1609–1615 — 25

»Ein großes Vertrauen, daß der Wille Gottes geschieht«
Licht und Schatten – Gründungen und Widrigkeiten 1616–1628 — 33

»Ich flehte unsern Herrn um die Gnade an, daß ich die Bürde tragen könne«
Die große Einsamkeit 1628–1631 — 57

»Von Gott treu erfunden werden«
Ausharren in Geduld 1632–1645 — 70

Vorwort

Hat uns Maria Ward, eine Frau des 17. Jahrhunderts, heute noch etwas zu sagen? Die Zeitwoge, die damals aufstieg, die Neuzeit, läuft heute aus. Eine andere Epoche hebt an, die noch keinen endgültigen Namen hat. Zwar sind wir fasziniert von dem, was die Gegenwart anbietet; gleichzeitig merken wir aber auch, daß der Mensch auf gleiche Grundkräfte wie in früheren Generationen angewiesen bleibt, wenn er sein Leben sinnvoll gestalten und für andere zum Segen werden soll. Menschen der Vergangenheit können in unseren Fragen und Nöten uns zu Hilfe kommen; dies gilt auch für diese außergewöhnliche Frau, der wir uns in der kurzen Lebensbeschreibung zuwenden. Die Darstellung stammt aus authentischen Quellen, die zum Teil schon vorlagen und solchen, die in den drei letzten Jahrzehnten aufgefunden wurden. Maria Wards Leben war reich an Ereignissen, noch reicher aber in seiner geistlichen Dimension. Die wichtigsten Züge ihres Wesens, die Umrisse ihres weiten Lebensweges können hier nur angedeutet werden.

Die Engländerin war eine Pilgerin auf den Straßen Europas. Ihre Wege lassen sich in ein schräg gestelltes Andreas-Kreuz einfangen; sie laufen von York über Rom bis Neapel, von Preßburg über Wien und München nach Paris. Ihr innerer Weg hat noch weiter gespannte Ausmaße. Auf der Suche nach dem Willen Gottes und im Mühen, seinen Willen zu erfüllen, nahm sie viel auf sich mit den zehn Gründungen in zwölf Jahren, mit ihren wiederholten Bitten um Bestätigung ihres Werkes vor den Päpsten, mit dem großen Mißerfolg, den sie durchzustehen hatte. Sie wurde nicht irre an ihrem Auftrag, als ihr Institut aufgelöst wurde. Sie unterwarf sich der Kirche in heroischem Gehorsam. Treue und Tapferkeit, die wir an den katholischen Frauen von Yorkshire des 16. und 17. Jahrhunderts bewundern, waren auch Maria Ward eigen. Die Sorge für den Glauben der Menschen, für den Menschen überhaupt mit seinen Nöten, vor allem für das Mädchen und die Frau, war ihr Anliegen. Mit ihrer Ordensgründung bot sie der Kirche die auch damals schon so nötige Hilfe von Frauen für Frauen an. Ihr Werk kam nicht durch die Engpässe der Gesetze. Aber sie wahrte ihren Humor, weil Geist und Herz in Gott gegründet waren.

P. James Brodrick S.J. faßte seine Bewunderung für Maria Ward in die folgenden Worte zusammen: »Keine der Phantasieheldinnen, die Shakespeare entwarf, als Maria ein junges Mädchen war, übertrifft an Schönheit und Charme, an Heiterkeit und Weisheit, an Mut und Treue, an voller, tadelloser Fraulichkeit diese wahre Heldin, die Gott geschaffen hat«.

»Du nahmst mich in deine Sorge auf«

Kindheit und Jugend
1585–1606

Maria und ihre Familie

Am 23. Januar 1585 wurde den glücklichen Eltern Marmaduke Ward und seiner Frau Ursula das erste Kind geboren. Als ein Priester kam, wurde es auf den Namen Johanna getauft. Von den sechs Kindern der Familie fehlen drei Namen im Taufregister, auch Johanna ist nicht eingetragen. Drei Kinder wurden in der anglikanischen Pfarrkirche Ripon getauft. In der Katholikenverfolgung jener Zeit mußte der Vater gelegentlich das eine und andere Zugeständnis machen, um den Besitz der Familie nicht durch die hohen Strafgelder zu verlieren.

Die den Namen Johanna erhielt, ist uns nur als Maria bekannt. In England konnte bei der Firmung ein neuer Name gegeben oder gewählt werden. Aus großer Liebe zur Mutter Gottes nahm Johanna den Namen Maria an. Wann wurde sie gefirmt? Da es in England keine katholischen Bischöfe mehr gab, ist anzunehmen, daß sie erst in Saint-Omer in den Spanischen Niederlanden das Sakrament empfing. Im ersten Drittel ihres Lebens hieß Maria demnach Johanna. Später unterzeichnete sie ihre englischen Briefe mit »Marie Ward«, ihre lateinischen oder italienischen mit Maria della Guardia. Übernahm sie die Form »Marie« aus der alten Schreibweise ihrer Heimat oder blieb sie bei der in Frankreich üblichen, da sie das Sakrament der Stärkung für den Lebensweg in den französisch sprechenden Spanischen Niederlanden empfangen hatte? Wir wissen es nicht.

Taufstein in der Kathedrale von Ripon

Um Verwirrung zu vermeiden, nennen wir schon die kleine Johanna mit ihrem Firmungsnamen Maria.

Der elterliche Besitz Mulwith im westlichen Yorkshire lag zwischen Wiesen und Feldern, nahe beim Fluß Ure. Mulwith ist von der nächsten Stadt Ripon 10 km, von York 45 km entfernt. Das schöne stille Land blieb Maria Wards Natur immer vertraut.

Jeder Mensch bekommt ein Erbe mit, aus dem er nicht aussteigen kann: eine Familie mit ihrer bekannten und unerforschbaren Ahnengalerie, Land und Volk mit politischen, sozialen und religiösen Traditionen und aktuellen Verhältnissen. Auch für Maria war viel vor- und mitgegeben.

Die Familie Ward gehörte zum alten Landadel der Grafschaft Yorkshire. Könnte geklärt werden, ob der Urgroßvater unserer Maria, John Ward, ein Bruder des 1521 verstorbenen Christopher Ward war, ließe sich der Stammbaum bis ins 12. Jahrhundert zurückführen.

Von den Eltern ist wenig bekannt. Reich an Tugend, treu im Glauben, hatten sie viel für die katholische Sache gelitten, schrieb Maria, Marmadukes Lieblingstochter. »Mein Vater zeichnete sich durch seine Liebe zu den Armen und sein Mitleiden mit allen Notleidenden so sehr aus, wie ich es nie in ähnlicher Weise bei einer Person in der Welt gefunden habe... Sein heißester Wunsch war, daß alle in seinem Haus als Kinder der Kirche leben und sterben«.

Marias Mutter Ursula, geborene Wright, kam mütterlicherseits ebenfalls aus einem alten Geschlecht von Yorkshire, väterlicherseits stammten die Ahnen aus der Grafschaft Kent. Wie ihr Gatte, war auch Ursula mit liebender Sorge auf Kinder und Gesinde bedacht. Leichtfertigkeit in Worten oder Benehmen duldete sie nicht in ihrem Haus.

Maria selbst war und blieb Engländerin ihr Leben lang. Sie liebte ihr schönes Land, »diese kleine Welt, diesen kostbaren Stein, eingelassen in die silbern glänzende See«, wie ihr Zeitgenosse William Shakespeare in seinem Drama Richard II. schrieb, als Maria etwa 8 oder 9 Jahre alt war. So schön die sanfte grüne Welt ihrer Heimat war, so gefährlich war hier das Leben geworden; schon das Kind bekam es zu spüren.

Ort des ehemaligen Herrenhauses Mulwith

Die Katholikenverfolgung

In England herrschte eine grimmige Katholikenverfolgung. Königin Elisabeth I. stand in der Mitte ihrer Regierungszeit. Die zweite Hälfte brachte eine intensive Verschärfung der Strafgesetze. Die Ankunft der zahlreichen Weltpriester- und Jesuiten-Missionare wurde als Bedrohung der eingeführten Staatsreligion empfunden. Viele Priester nahmen für ihren Glauben Gefangenschaft und Folter hin und opferten ihr Leben. Ein Gesetz von 1581 (23 Eliz. cap. 1) verbot die Feier der Messe in privaten Häusern. Seit Heinrich VIII. gehörten die Kirchen, die herrlichen Kathedralen Englands, nicht mehr den Katholiken. 1585 (27 Eliz., cap. 2) ergingen Strafandrohungen »gegen Jesuiten, Seminarpriester und andere derartige ungehorsame Personen«. Der Aufenthalt eines Priesters im Herrschaftsgebiet wurde als Hochverrat, die Beherbergung und Unterstützung flüchtiger Priester wurden als schwere Verbrechen geahndet. Von den 127 Priestern, die während der Regierungszeit der Königin am Galgen starben, wurden 94 wegen ihres Priestertums und ihrer Rückkehr als Priester nach England zum Tod am Galgen verurteilt. 62 Laien wurden getötet, die Hälfte wegen Beherbergung und Schutz von Priestern, die anderen wegen Verweigerung des Suprematseides, durch den die Engländer die Königin als Haupt der englischen Kirche anzuerkennen hatten, wegen Druck und Verbreitung katholischer Bücher, wegen Rückkehr zur katholischen Kirche.

Spione gingen in England um. Die Katholiken waren nie und nirgends sicher. Angst und Furcht kam in die Familien. Ein Drittel der eingezogenen Strafgelder erhielt die Königin, das weitere Drittel der, welcher die Anzeige erstattet hatte; das letzte Drittel sollte den Armen der Pfarrei zugehen, in der die Majestätsbeleidigung vorgekommen war. Dennoch fanden die Priester in den einsamen Landsitzen adeliger Familien oder in ihren Stadthäusern Unterschlupf. Den Laien erging es nicht viel besser als den Priestern. Marmaduke Ward mußte 1592/93 für seine Frau Strafgelder in Höhe von 40 Pfund Sterling entrichten, weil sie sonntags dem anglikanischen Gottesdienst fernblieb.

Es ist ein Ruhmesblatt der englischen Geschichte, daß so viele aufrechte, tapfere Menschen für ihre Überzeugung lebten und starben. Die große, aber auch schwere Stunde der katholischen Kirche in England prägte Maria Ward für ihr ganzes Leben.

Das Kind in Mulwith und Ploughland Hall

Maria war ein Jahr alt, als sie beinahe gefährlich hingefallen wäre. Ihre Mutter rief aus: Jesus, schütze mein Kind! Maria, der Mutter zugewandt, wiederholte den Namen, den sie eben gehört hatte: Jesus. Es war ihr erstes Wort. Der Maler der ersten Tafel des »Gemalten Lebens« im Institut der Englischen Fräulein zu Augsburg hielt die Szene fest. Er stellt das kleine Mädchen an einen Sessel und gibt ihm eine Blume in die Hand. Sicher hatte es den Namen Jesu nicht zum ersten Mal von der Mutter gehört. Der Klang mag dem Kind schon vom täglichen Gebet her vertraut geworden sein. Das erste Wort des Kindes war auch der letzte Ruf der Märtyrerin Margaret Clitherow, die am 25. März 1586, als Maria ein Jahr alt war, wegen der Beherbergung von Priestern in York getötet wurde.

Maria war ein gewecktes Kind. »Mit vier Jahren konnte ich urteilen und die Dinge unterscheiden«, schrieb sie später. Sie erzählte ein kleines Erlebnis, das den Vater wie seine kleine Tochter aus der Nähe zeigt. In Marmaduke Wards Haus durfte niemand fluchen und heilige Namen oder Schwurworte leichtsinnig aussprechen. Maria war mit einer Spielgefährtin in ihres Vaters Zimmer, als diese unbedacht sagte: »Im Namen Christi und bei seinen heiligen Wunden«. Maria wiederholte die Worte, daß der Vater dies höre und sie »umso lieber habe«, wie sie gestand. Er aber wurde zornig, Maria bekam Schläge, die ersten und einzigen in ihrem Leben. Danach hörte der Vater sein Kind an.

Mit fünf Jahren wurde Maria in das Elternhaus ihrer Mutter nach Ploughland Hall gebracht. Das einsame Landgut in der Pfarrei Welwick liegt südöstlich von Beverley in der Ebene des Humber.

In Marias Aufzeichnungen wird der Großvater Robert Wright nur nebenbei erwähnt; die Großmutter wird als angesehene Frau vorgestellt, die wegen ihrer tapferen Glaubenstreue eine schlimme vierzehnjährige Kerkerhaft durchgemacht hatte. Maria war die geliebte erste Enkelin. Aber die Großmutter hielt es nicht mit Verwöhnung. Sie wußte, wie ernst das Leben für ein Mädchen sein werde, das seinen Glauben lebt und später für ein großes Haus Sorge tragen soll. In Ploughland erhielt Maria ihren ersten Unterricht. Wir wissen nicht, wer ihr Lesen, Schreiben und die Anfänge der lateinischen Sprache beibrachte. Was ein Kind für die Führung des

Erstes Wort des Kindes

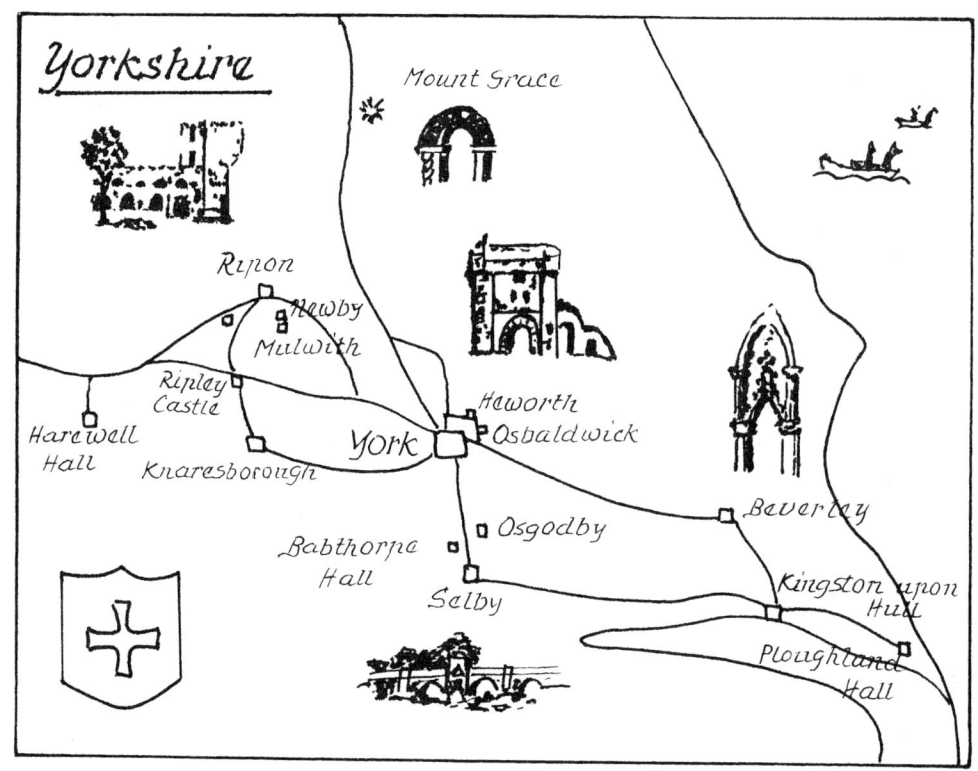

Yorkshire, wo Maria Ward in ihrer Jugend lebte

Haushalts lernen konnte, sah sie bei der Großmutter, die sie gewiß auch zu kleinen Arbeiten anhielt.

Mrs. Wright wußte, was Gefangenschaft ist, und sorgte für die Gefangenen, die auf Nahrungsmittel angewiesen waren. Einmal gab sie Anweisung, einige Hühner zu schlachten. Maria hörte den Befehl und sah, daß auch ihre Hühner dabei waren. Schlau fragte sie die Großmutter, wann sie den Gefangenen wieder Almosen schicken werde, sie wolle auch ihre Hühner dafür hergeben. Die Großmutter freute sich. Als Maria die kleine Geschichte niederschrieb, fügte sie bei: »Ich hatte es nur gesagt, um ihre Achtung zu gewinnen«. Das Kind verlangte nach Liebe und Achtung.

Trotz der Sorge der Großmutter geriet Maria in zwielichtige Lagen durch ihre Tante Alice, die jüngste Tochter der Mrs. Wright, die ihre leichtfertigen Anwandlungen vor den Augen ihrer Mutter verbarg, aber Maria einzuweihen suchte. Das Mädchen mit einem zarten Gewissen begabt, spürte genau, daß sie darüber mit der Großmutter sprechen sollte. Sie tat es nicht und schwieg, rechnete sich dies aber als großen Fehler an.

Die Großmutter hielt ihre Enkelin zum Beten an. Das Pensum scheint das Morgen-, Abend- und Tischgebet überschritten zu haben. Denn Maria schrieb später, sie sei auf ihrem Platz gesessen und habe herumgespielt. Doch fehlte es ihr nicht »an gewecktem Geist, um mit List Anerkennung für mich zu suchen«, wie sie von sich sagte.

Die Zehnjährige

Maria war nach ihrer eigenen Mitteilung etwa zehn Jahre alt, als ihr Vater sie wieder nach Mulwith brachte. Von drei Berichten her fällt Licht auf die Zehnjährige, der es nicht an Lebendigkeit und mutwilligen Einfällen fehlte. Eines Abends wollte sie sich von der Dienerin ins Schlafzimmer tragen lassen; sie stellte sich auf deren Schultern, und stürzte zu Boden und verlor die Sprache. Sie wurde zu Bett gebracht und dachte, sie wolle gerne sterben, wenn sie nur noch einmal den Namen Jesus sagen könnte. Merkwürdig, daß sie so rasch ans Sterben dachte. Vielleicht hatte der Tod des Großvaters in Ploughland Hall im Juli 1594 einen tiefen Eindruck hinterlassen. Sie vermochte wirklich den Namen Jesus auszusprechen, und der Sturz hatte keine nachteiligen Folgen.

Am Lichtmeßtag 1595 stand das Elternhaus Mulwith in hellen Flammen. Die Löscharbeiten wurden dem Brand nicht Herr. In der allgemeinen Verwirrung dachte zuerst niemand an die drei Kinder, bis Marmaduke sie vermißte. Als Maria die Gefahr bemerkt hatte, war sie mit Elizabeth und Barbara in das Erdgeschoß des Wohnhauses gegangen. Der Vater eilte ins brennende Gebäude, fand alle drei beim Beten des Rosenkranzes und brachte sie heil heraus. Daß sie und ihre Schwestern keinen Schaden erlitten hatten, schrieb Maria der Fürbitte der Muttergottes zu. Die Familie zog darauf zu Verwandten nach dem nahen Landsitz Newby, wo Marmaduke Ward auch Besitzungen hatte.

In dieser Zeit erhielt Maria den ersten Heiratsantrag. Ob sie durch den Tod des Bewerbers oder auf andere Weise frei wurde, ist nicht geklärt. Sie selbst schrieb später darüber, daß Gott ein Hindernis für ihr Heil beseitigt habe.

Die drei Ereignisse: der Sturz von der Schulter der Dienerin, der Brand von Mulwith, ein erster Heiratsplan lassen das gläubige Herz des Mädchens erkennen. Geriet sie in Not, wußte sie, wohin sie ihre Zuflucht nehmen konnte. Der Grundakkord ihres Lebens klang schon an.

In Harewell und Osgodby

Einen zweiten Heiratsantrag in Newby schlug Maria aus. Marmaduke Ward zog dann mit seiner Familie im Jahr 1597/98 nach Alnwick Castle in Northumberland, wohl um der neuen Verfolgungswelle auszuweichen. Seine älteste Tochter wollte er wegen ihrer zarten Gesundheit nicht dem rauheren nördlichen Klima aussetzen. Er brachte sie zu Mrs. Catherine Ardingten, die auf ihrem Landsitz Harewell lebte. Auch diese Dame, eine Verwandte mütterlicherseits, hatte um des Glaubens willen Hausdurchsuchungen und Gefangenschaft durchgestanden. In Harewell, einer der reizvollsten Gegenden Yorkshires, bereitete sich Maria auf ihre Erstkommunion vor. Eines Abends kam ein Reiter ans Tor: er gab vor, ihr einen Brief ihres Vaters vorlesen zu sollen, ohne ihr das Schreiben auszuhändigen. Maria vernahm, sie solle ihre Vorbereitung auf die Kommunion verschieben, der Vater wolle sie verheiraten. Sie war sehr betroffen. War es möglich, daß der Vater sie von der Kommunion zurückhalten

Sturz von den Schultern der Dienerin

wolle? Sie suchte Hilfe im Gebet. Der Hausherrin gegenüber schwieg sie aus Schüchternheit und Furcht, sie könnte ihren Vater vor dieser tapferen Frau bloßstellen. Als die Tränenspuren bemerkt wurden, half sie sich mit Ausreden. Der innere Kampf endete mit einer persönlichen Entscheidung, die heilige Kommunion bei nächster Gelegenheit zu empfangen. Ihre Seele war wieder in Frieden. Bald darauf erfuhr sie von der Mutter, der Vater habe nie eine solche Botschaft gesandt.

Auch in Harewell wurde ihr eine Heirat angetragen. Bei dieser Werbung von seiten eines Herrn Eldrington läßt sich Marias Reaktion besser sehen. Sie war nicht kalt, nicht unempfindlich. Nach ihrem 12. Lebensjahr, so schreibt sie, habe sie nie jemand gesehen, der einen ähnlichen Eindruck auf sie gemacht hätte. Der Antrag muß sie tief erregt haben, aber ein Jawort konnte sie nicht geben. Marmaduke Ward übte keinen Zwang auf seine Tochter aus. Er glaubte, der rechte Bräutigam sei noch nicht gefunden. Er kam nach Harewell und holte sie heim.

Was stand hinter den Abweisungen? Nach ihrem eigenen Geständnis habe sie die

Werbungen »nicht aus irgendeinem Verlangen nach dem Klosterleben zurückgewiesen, auch aus keinem anderen Grund, sondern einzig, weil ich keine Neigung empfinden konnte«.

Was war aus der fünfzehnjährigen Maria geworden? Zweimal erwähnte sie in ihren Aufzeichnungen bei den kindlichen Ereignissen ihr Verlangen nach Achtung und Liebe. Als sie auf die Zeit ihres 15. oder 16. Jahres zu sprechen kam, berührte sie nochmals diese Sehnsucht: »Ich war so begierig auf die Achtung und Liebe aller, daß ich sie von allen zu erhalten suchte, von Guten und Schlechten. In der Art, mich zu benehmen, zu sprechen, mich zu kleiden, war ich sehr bescheiden. So gab ich nie durch irgendwelche Leichtfertigkeit Anlaß zu Ärgernis«.

Auf besondere Weise mit der Gabe der Unterscheidung ausgestattet, nahm sie ihre Neigungen wahr. Ihr Gewissen war so zart und wach, daß sie eine Zeitlang unter Ängstlichkeit litt. Ihr starkes Verlangen nach Zuneigung und Achtung der Menschen lag sicher in ihrer individuellen Natur begründet, war aber wohl auch in den Umständen ihres bisherigen Lebens zu suchen, in den relativ kurzen Perioden der Geborgenheit in der eigenen Familie. Sie vermißte sicher ihr eigenes Heim, selbst wenn sie dies nie in Worte faßte.

Da ihre Eltern im rauhen Northumberland blieben, brachten sie Maria ins östliche Yorkshire, zu der verwandten Familie Babthorpe von Osgodby, etwa 15 km südöst-

Heimkehr nach der abgelehnten Werbung
Die Botschaft des Reiters

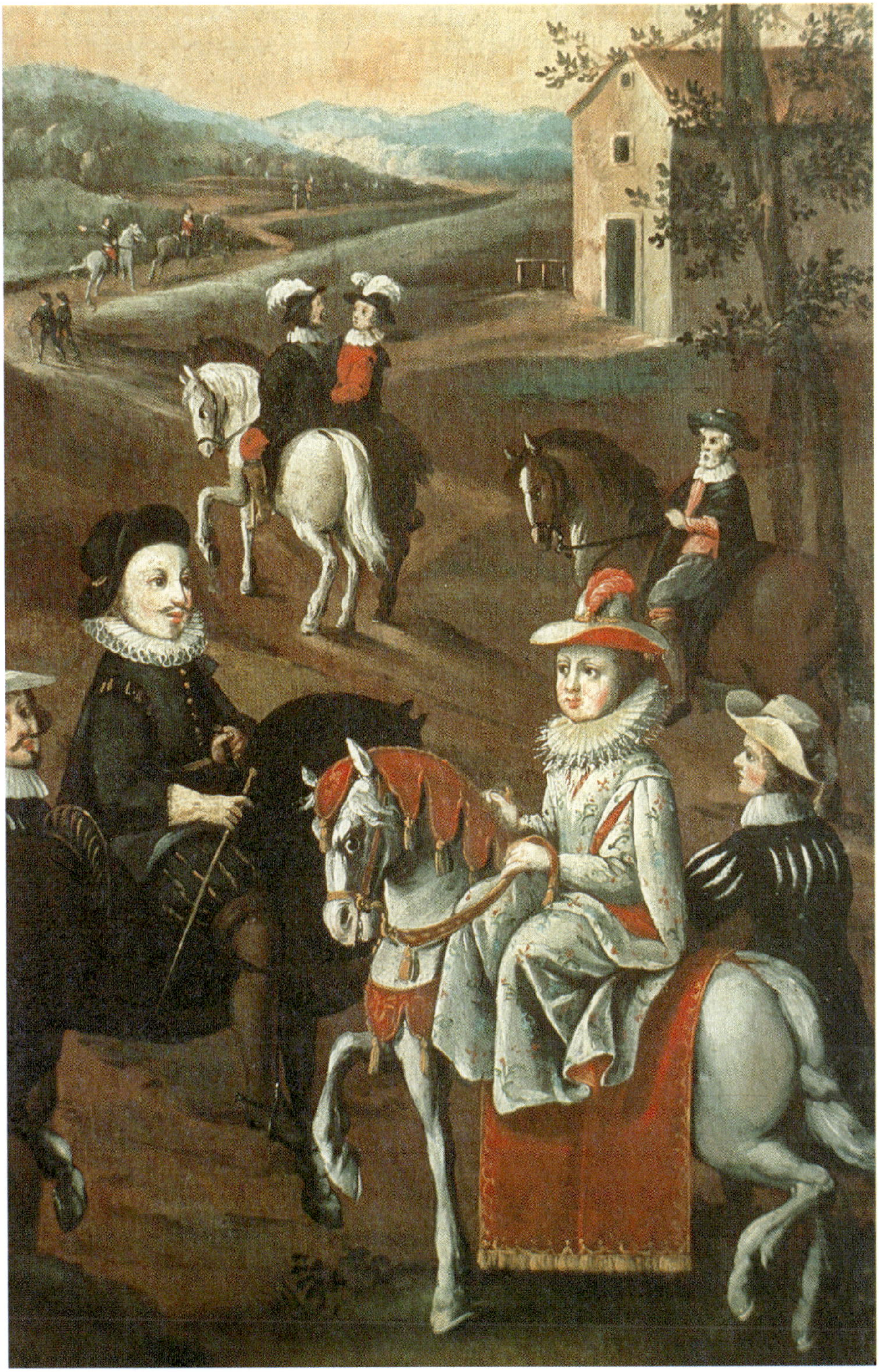

lich von York. Die Hausherrin Grace Babthorpe hatte ebenfalls schon in Verhör und Gefängnis für ihren Glauben Zeugnis gegeben. Auf dem Gut der Babthorpe fanden flüchtige Priester immer gute Aufnahme. Die Tagesordnung glich der eines Klosters. Alles war auf den Dienst Gottes bezogen.

Maria wuchs in diese Großfamilie hinein. Offenbar war das Klima wieder Grund für die Verpflanzung. Später glaubte Maria, der entscheidende Grund sei ein anderer gewesen. Die Eltern dachten wohl, fern der eigenen Familie werde sie sich rascher auf eine Heirat einstellen. Die neue Trennung mag ihr zunächst schwer gefallen sein. Rückblickend aber sah sie, wie sie Schritt um Schritt aus dem Bereich, der ihr teuer war, herausgeführt wurde.

Die sechs einsamen Jahre in der Familie Babthorpe bereiteten Maria auf ihr späteres Leben vor. Sie hörte die Klostergeschichten einer alten Magd. War nicht dies das Leben, das sie suchte? Für Gott ganz da sein, sah sie als Sinn und Mitte des Ordensstandes. Nie erwachte später ein anderer Gedanke oder Wunsch in ihr. Zunächst scheute sie sich, über ihre Absicht zu sprechen oder jemand über einzelne Orden zu befragen. Erst viel später erzählte sie ihrem Beichtvater das Vorhaben.

Die innere Gewißheit über den Ruf Gottes bestärkte sie in ihrem Eifer. Maria las gerne und viel. Die religiösen Bücher jener Zeit hatten einen stark aszetischen Einschlag. In ihrer Begeisterung mutete sie sich viel zu. Sie geriet dadurch in Ratlosigkeit. Von Natur eher zur Großzügigkeit als zur Enge geneigt, fand sie den Ausweg aus der Sackgasse. Sie sah, daß eine Vielzahl geistlicher Übungen zur Befriedigung eigener Wünsche Gott nicht erfreue. »Gott erfreuen«, war ihr Verlangen. Dies Wort erscheint öfter in ihren Schriften. Sie entschloß sich zu tun, was sie »mit Liebe und in Freiheit« tun könne. So war wieder Ruhe in ihrem Inneren.

Sie hörte und las von den Märtyrern. Sie sehnte sich, das eigene Leben auch zum Zeugnis für den Glauben zu geben. Diese Hochstimmung aber war nicht von Dauer. Doch ihr Angebot an Gott für die ihr zugedachte Weise des Lebens, für ihr Martyrium, hielt stand. Markus Fridl (1732) spricht zu Maria in diesem Zusammenhang: »Gut hertz und wohl getröst gottselige Fräule Maria, nicht nur in deinem Engelland, sondern in noch vil anderen Ländern wirst du leiden, Pein und Marter genug finden«.

Die Jahre in der Familie Babthorpe waren Vorbereitung auf das Ordensleben. Gebet begleitete sie durch den Tag. Demutsübungen legte sie sich auf, um ihr Verlangen nach Achtung und Liebe ins rechte Maß zu bringen. Die Beichte fiel ihr wegen ihrer Schüchternheit ein wenig schwer, auch deswegen weil sie sich nicht gern selbst anklagte. Wohl spürte sie den Stolz auf ihren Stand, wenn sie auch nicht dem hohen Adel, sondern einer alten Familie der Gentry angehörte. Sie nahm Eimer und Besen in die Hand und fegte mit den Mägden das Haus, ließ sich bei Besuchen für eine Magd ansehen. Die Demut schätzte sie als Gnade, die ihr viel kosten durfte.

In Maria war in diesen Jahren die Überzeugung gewachsen, sie müsse auf dem Festland in einen Orden, in das strengste Kloster eintreten, »da sich eine Seele voll und ganz, nicht nur zum Teil Gott hingeben soll«.

Es wurde Zeit, die Zukunftspläne dem Vater vorzulegen. Mit Grace Babthorpe sprach sie nicht über ihr Vorhaben. Aber diese wäre blind gewesen, wenn sie bei der

Bei den Erzählungen der Dienerin

Ablehnung der Heiratspläne und den Frömmigkeitsübungen Marias nicht gemerkt hätte, wohin der Kurs ging. Sie benachrichtigte den Vater über die Pläne seiner Tochter. Er kam und verbot ihr, England ohne seine Erlaubnis zu verlassen. Maria wollte nicht widersprechen, um ihn nicht zu betrüben. Aber ihr Entschluß, die Reise nach Flandern zu unternehmen, stand fest, selbst wenn sie den geliebten Vater nie mehr sehen sollte.

Verwandte und Freunde suchten ihr einzureden, daß die Gründung einer katholischen Familie Gott gefälliger und für die englische Kirche notwendiger sei als ihr Eintritt in einen Orden. Nur der Gedanke, daß sie bei ihrer zarten Gesundheit aus dem Kloster wieder fortgeschickt werden könnte, bereitete Maria einige Sorge. Als sie bedrückt ihre Lage bedachte, fiel ihr das Wort Jesu ein: »Suchet zuerst das Reich Gottes und seine Gerechtigkeit...« Da konnte sie wieder aufatmen, fühlte sich frei in der Sicherheit, Gott werde sorgen, wenn sie Gottes Willen allem anderen vorziehe. Das damalige Druckmittel der Familie war der Heiratsantrag des Edmund Neville, der keine andere Frau nehmen wollte, falls Maria nicht zusagen werde. Sie suchte sich »ganz der Vaterhand Gottes zu überlassen«.

Die Pulververschwörung

Marmaduke Ward machte sich Mitte Oktober 1605 auf die Reise nach London. Als die Pulververschwörung am 5. November entdeckt wurde, war er unterwegs. Kein Wunder, daß er in den Verdacht der Beteiligung an der geplanten Explosion im Parlament oder doch der Mitwisserschaft kam. Zwei Schwäger, John und Christopher Wright, und Thomas Percy, Gemahl seiner Schwägerin Martha, gehörten zum Kern der Verschwörergruppe. Marmaduke wurde festgehalten und am 6. November verhört, aber bald frei entlassen. Am 8. November wurden die flüchtigen Verschwörer eingeholt; John und Christopher kamen ums Leben; Thomas Percy erlitt schwere Verletzungen, an denen er kurz darauf im Tower starb. Wo Maria während dieser Ereignisse weilte, ist nirgends mitgeteilt. Auch sie kam zum Süden Englands und wohnte mit ihrem Vater in Baldwin's Gardens in Holborn, heute in der Gegend von Leather Lane 77 bis Gray's Lane 32.

Marmaduke Ward wollte zusammen mit dem Jesuitenmissionar P. Holtby seine Tochter zur Vernunft bringen. Daß der Beichtvater als Bundesgenosse des Vaters gegen ihren Plan sprach, war für sie eine schlimme Überraschung. Er sagte zu Maria, selbst wenn sie schon Novizin wäre, würde sie durch ihren Austritt und die Heirat Gott einen größeren Dienst erweisen als durch ihr Verbleiben im Kloster.

Dennoch kam dann Hilfe von P. Holtby. Sein Ungeschick, nach der Wandlung den Kelch umzustoßen, bewirkte in ihm eine Sinnesänderung. Von nun an hinderte er nicht mehr Marias Vorhaben. Auch der Vater gab darauf seiner Lieblingstochter sein Jawort.

Eine erste Zeit des Lernens war vorüber. Maria hatte sich den einzelnen Familien anzupassen, sich in deren Milieu einzufügen. Sie lernte den Umgang mit Menschen

Die Pulververschwörung (unter ihnen drei Onkel von Maria)

Gestärkt vom Wort des Herrn   *Der umgestoßene Kelch*

aller Altersstufen und Gesellschaftsschichten. Eigene Wünsche wurden zurückgestellt. Sie erlebte, daß es nur eine Zuflucht gab: Gott. Die Einundzwanzigjährige war schon für ihre spätere Aufgabe ausgerüstet. Von den Hausherrinnen der verschiedenen Familien hatte sie gelernt, was Frauen vermögen, die sich für ihre eigenen Leute und alle im Umkreis einsetzen, wieviel Verantwortung sie für die Zukunft des Glaubens tragen. Daß Maria in einen beschaulichen Orden eintreten wollte, war auf Grund ihrer Berufung keine ungewöhnliche Wahl. Sie folgte den Auffassungen ihrer Zeit. »Den anderen konnte ich nichts nützen. Wäre mir dies als möglich erschienen, hätte ich solches über alles gestellt, auch wenn ich weit mehr fühlbare Befriedigung in der Einsamkeit und in der Zurückgezogenheit von der Welt fand. Daher dachte ich nie an das andere [tätige] Leben, bis Gott, wie ich vertraue, mich dazu in einer Weise berief, die gegen meinen Willen ging.«

Es war nicht leicht für die Katholiken, sich einen Paß zum Verlassen Englands zu verschaffen. Maria wurde als Tochter der Mrs. Catherine Bentley in deren Paß eingetragen. Die Dame, wohnhaft in der Grafschaft Kent, Urenkelin des hl. Thomas More, hatte mehrere Töchter auf dem Festland.

»Ich flehte zu ihm, daß sein Heiliger Wille geschehe«

Auf der Suche nach dem Weg
1606–1609

Erste Etappe auf dem Weg ihrer Berufung

Seit langem hatte sie den Augenblick herbeigesehnt, an dem sie die Heimat mit der Fremde vertauschen konnte. Dennoch kamen beim Abschied von England Bedenken in ihr auf: Welchem Kloster sollte sie sich zuwenden? Sie kannte kein einziges. Von Dover brachte sie das Schiff nach Calais; von dort ritt sie zu Pferd die 40 km nach Saint-Omer.

Zum strengsten Kloster entschlossen *Überfahrt von Calais nach Dover*

Die kleine Stadt in den Spanischen Niederlanden, seit einem halben Jahrhundert Bischofssitz, stand unter der Regentschaft der spanischen Erzherzöge Albert und Isabella Klara Eugenia. In St.-Omer gab es ein wallonisches Jesuitenkolleg und ein Englisches Seminar der Jesuiten, zwei Klarissenklöster: die Armen Klarissen und die Urbanistinnen, die sogenannten Reichen Klarissen; auch andere Ordenshäuser hatten sich in der Stadt angesiedelt. Für die katholischen Engländer empfahl sich St.-Omer als Durchgangsstation. Das Städtchen wurde auch für Maria Ward und ihr Institut außerordentlich wichtig.

Ihr erster Weg führte zum Englischen Seminar, um sich über die Klöster der Stadt zu erkundigen. Dort empfing sie Pater Keynes, nicht der Pater, den sie gewünscht hatte. Es mutete sie eigenartig an, daß man bereits mit ihrer Ankunft rechnete und sie bei den wallonischen Klarissen erwartete, die dringend eine gute Ausgehschwester bräuchten. P. Keynes lobte Regeltreue, Bildung und vornehme Abstammung der dortigen englischen Nonnen. Die Regel sei für die Chorfrauen und Laienschwestern dieselbe; letztere hätten das Vorrecht, mit ihren Liebesdiensten für die Chorfrauen zu sorgen. Es sei der Wille Gottes, daß sie dort eintrete. »Ein heftiger Widerwille gegen das Angebot« regte sich in ihr. Aber das Wort vom Willen Gottes traf sie ins Herz. Sie glaubte, die innere Abwehr komme von ihrem Stolz, der sie von der niedrigeren Stellung zurückhalten wolle.

Maria stellte sich im Kloster nahe der Kirche vom Heiligen Grab vor. Am Tag nach ihrer Ankunft lud man sie schon zum Wohnen im Kloster ein; beim ersten Besuch sagte sie offen, es falle ihr schwer, Laienschwester zu werden.

Der Provinzial der Franziskaner zögerte mit der Zustimmung zur Aufnahme, da er die Kandidatin für die Arbeiten, die ihr zugedacht waren, vor allem die Bettelgänge, für ungeeignet hielt. Auch in der Kleinstadt, in der alle über alles reden, murrten die Leute, weil Maria nicht als Chorfrau-Anwärterin aufgenommen wurde. Die Nonnen erwiderten, Maria verlange in ihrer Demut um jeden Preis den Frauen der Klausur zu dienen. Sie selbst aber fühlte sich weit entfernt von solchem Verlangen. Der Provinzial stimmte schließlich der Aufnahme zu. Die Kandidatin erhielt nach einem Aufenthalt von einem Monat den Habit. Es war im Juni 1606.

P. Keynes blieb für die ersten zwei Monate ihr Beichtvater. Als er dann einsah, daß er Maria falsch beraten hatte, und dies ihr wie ihren Vorgesetzten sagte, wurde der Engländerin der französische Beichtvater zugewiesen, obwohl sie sich in dieser Sprache noch nicht richtig helfen konnte. Wo suchte sie nun ihren Halt? Es gab keine andere Zuflucht als Gott. Sie wußte, daß Gott nicht täusche und nicht getäuscht werden könne. Sie selbst war hier getäuscht worden. In ihr vertiefte sich die Überzeugung, in der sie in den folgenden Jahren bestärkt wurde: »Wo Gott aufrichtig gesucht wird, steht der Weg zu ihm stets offen.« Die Bettelgänge wie die Lebensweise bedeuteten für Maria eine physische und psychische Überforderung, der sie nicht lange gewachsen gewesen wäre.

Am Fest Gregors des Großen, des Patrons ihrer englischen Heimat, am 12. März 1607, kam der Ordensvisitator und sprach auch mit der Novizin. Er sagte ihr, sie sei für diese Lebensweise nicht geeignet. Sie atmete auf. Der Wunsch erfüllte sie, ein Klarissenkloster für Engländerinnen zu errichten.

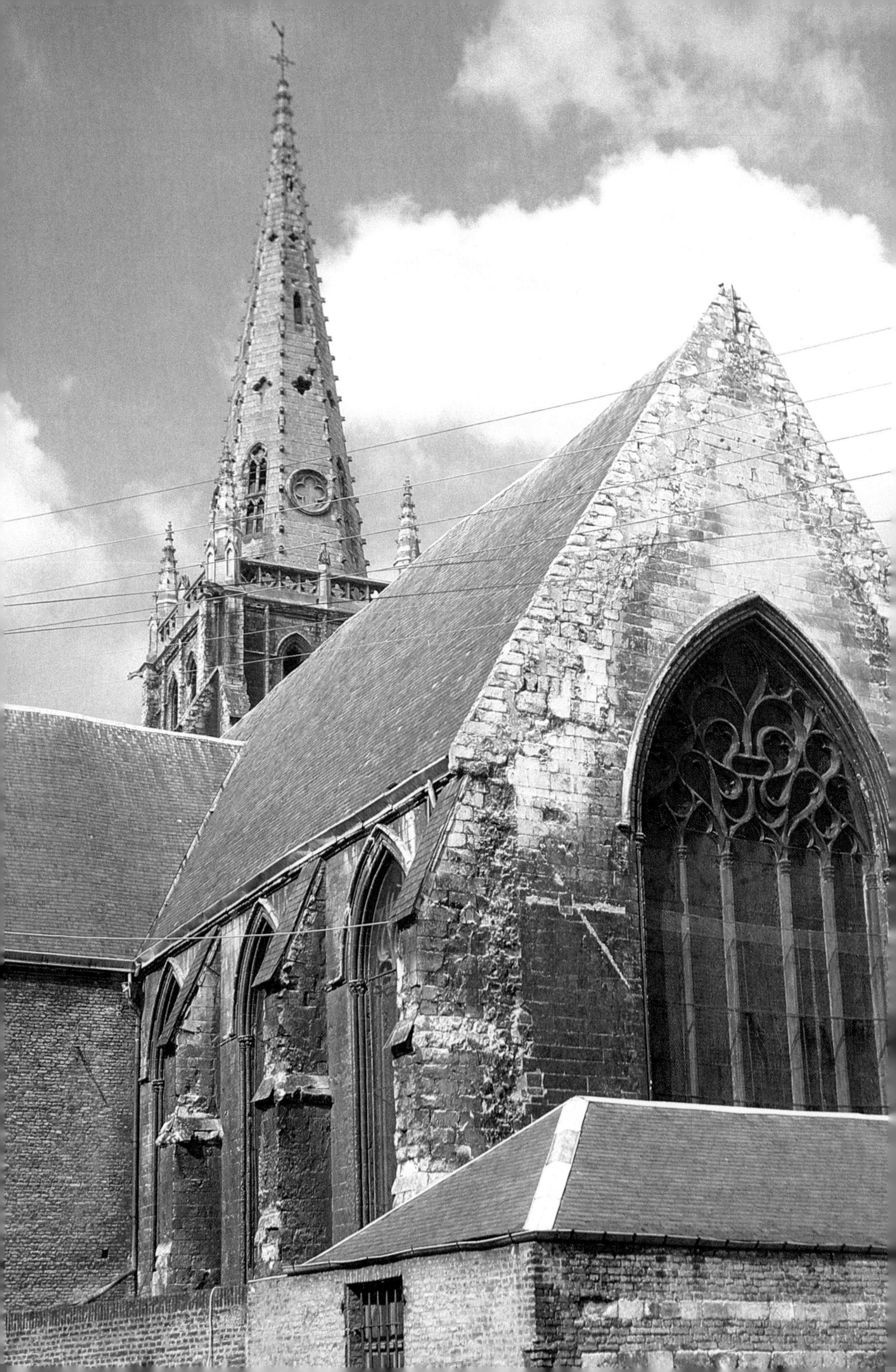

Im Augenblick konnte sie mit niemand ihre Lage besprechen. Ihre Oberin Mary Stephen Goodge, lebte wegen ihrer Erkrankung ganz in der Klausur, war deshalb für die Novizin unerreichbar. Diese hielt schriftlich fest, was sie bewegte und übergab die Aufzeichnungen der Oberin, als diese wieder zu den Laienschwestern zurückkehrte. Auch von ihr hörte nun die Novizin, daß die Lebensweise sich nicht für sie eigne; Gott wolle sie als Chorfrau dieses Ordens. In der Gewißheit, daß sie das Ihrige getan habe, um den ihr von Gott bestimmten Weg zu gehen, verließ sie das Kloster. Sie betrachtete die zehn Monate als »Fügung Gottes und den geeigneten Durchgang für das Kommende«.

Gründung des englischen Klarissenklosters

Nach dem Ausscheiden aus dem Noviziat ging Maria mutig an das neue Werk, die Gründung eines Klarissenklosters für Engländerinnen. Sie erhielt durch Schenkung ein Grundstück, das gegen ein anderes in einer befestigten Stadt, in Gravelingen, vertauscht wurde. Es mußte auch gewährleistet sein, daß das künftige Kloster von der Mitgift der Nonnen und nicht vom Bettel lebte. Sechs Monate war Maria zu Verhandlungen in Brüssel. Außer dem städtischen Magistrat von Gravelingen, dem Gouverneur der Region, hatten auch die Fürsten in Brüssel die Erlaubnis zu geben. Albert und Isabella stimmten am 7. Oktober 1608 dem Plan zu. Der Bau in Gravelingen konnte beginnen.
Um den Anfang des Klosterlebens nicht zu verzögern, stellte der Bischof das neue Seminar der Kanoniker dem künftigen Konvent zur Verfügung. Die fünf Engländerinnen des wallonischen Klosters verließen ungern die bisherige Gemeinschaft, übersiedelten aber im November 1608 in die vorläufige Wohnung. Maria und ihre Schwester Frances befanden sich unter den künftigen Novizinnen. Zur Äbtissin ernannte der Bischof am 28. Dezember 1608 Mary Stephen Goodge, die frühere Oberin Marias. Pater Roger Lee von der Gesellschaft Jesu gab den Schwestern und Kandidatinnen die Exerzitien. Die Nonnen richteten das Sprechgitter ein, gingen tief verschleiert in die Kirche der Stadt zur hl. Messe, bis sie ihre eigene Hauskapelle hatten. Das Chorgebet, auch die nächtliche Mette wurde ab Ostern 1609 gemeinsam verrichtet. Der Mette folgte eine Stunde Meditation. Das Essen war spärlich. Fleisch gab es nur für die Kranken. Maria schlief wenig, weil sie der Hunger plagte.

Maria in ihrer eigenen Gründung

Die Mühen für die Errichtung des Klosters hatten Maria viel Energie gekostet. Sie hatte die Gebets- und Bußpraxis des Ordens in den 19 oder 20 Monaten zwischen den beiden Klarissenzeiten beibehalten.

◀ *Kirche zum Heiligen Grab. Daneben bis zur französischen Revolution das Kloster der wallonischen Klarissen. Heute an dieser Stelle das Gefängnis.*

Im Januar 1609 kam die Frage auf, ob die Gründerin des Konvents nicht gleich zur Profeß zuzulassen sei. Der Bischof und die Jesuiten sprachen dafür, die Äbtissin war dagegen. Sie sollte mit den anderen Kandidatinnen in Gravelingen, wenn der Konvent bezogen sei, das Ordenskleid empfangen. Maria war einverstanden. So erhielt sie am 6. Februar 1609 mit den für den Chor bestimmten Anwärterinnen das Postulantinnenkleid. Die künftigen Ordensfrauen bekamen Unterricht bei der Äbtissin und studierten Latein.

Maria lebte in vollem Frieden. Sie glaubte am Ziel ihres Suchens zu sein, wenngleich es auch Augenblicke der Unsicherheit gab. Am 2. Mai 1609, als sie wie die anderen mit Handarbeiten beschäftigt war, kam ein inneres Licht über sie, das sie ganz einnahm. Sie verstand, daß sie nicht im Orden der heiligen Klara bleiben, sondern »etwas anderes« tun solle. Es war ein Auftrag; nach ihrer Neigung wurde sie nicht gefragt.

Am Tag darauf sprach sie mit Pater Lee, der sein Urteil zurückhielt. Eine Wartezeit in treuer Befolgung der Regeln sollte weitere Klarheit bringen. Die Äbtissin reagierte energischer als P. Lee. Maria wurde mit Härte behandelt. Aber schließlich wunderte sich auch diese Frau, daß Maria die schwere Zeit so unerschütterlich durchstand.

Menschlich gesprochen, wird sie sich gegen eine Trennung von ihrer Gründung gewehrt haben. Ohne Zweifel fürchtete sie auch die vielen Ungewißheiten, denen sie wieder ausgesetzt sein werde. Die Ermutigung des Beichtvaters war sehr mäßig. Er sagte, sie könne selig werden, ob sie bleibe oder gehe. Dann war es so weit. Der Konvent zog nach Gravelingen um. Und Maria verließ ihr Werk. Es war Mitte September 1609.

Im Ungewissen

Nach den Lobpreisungen wegen der geglückten Klostergründung kam nun der Klatsch der Kleinstadt über Maria. Sie wich nicht aus, sondern verblieb einige Wochen in St.-Omer. Was wollte Gott von ihr? Dies nicht zu wissen, war schwer zu tragen. Später konnte sie schreiben, sie hätte um keinen geringeren Preis zur Erkenntnis des Willens Gottes kommen wollen. Dem Beichtvater gegenüber verpflichtete sie sich im Gehorsam, Karmelitin zu werden, falls er dies befehle, und einige Monate in England den Katholiken Gutes zu erweisen.

Maria ging zurück nach England. Meist hielt sie sich in London auf und konnte vielen Menschen helfen. Standesgemäß gekleidet, hatte sie Zutritt zu allen möglichen Kreisen. Wo es geraten schien, vertauschte sie ihre Kleider mit den einfachen der Dienerinnen. Sie ging zu den Katholiken in die Gefängnisse, versorgte Kranken die Möglichkeit zum Empfang der Sakramente. Mit ihrer starken Anziehungskraft gewann sie Einfluß, brachte manche, die vom Glauben und von der christlichen Lebensführung abgewichen waren, zur Versöhnung mit Gott und auf den rechten Weg. Bescheidene Zurückhaltung und tapferer Mut waren ihr gleicherweise eigen.

»Ich sollte etwas anderes tun. Ich verstand, daß es etwas Gutes und der Wille Gottes sein werde«

Das »Andere« 1609–1615

Maria wohnte in London bei St.-Clement's Churchyard am Strand, der berühmten Verbindungsstraße zwischen City und Westminster am Nordufer der Themse. Die kleine Kirche befand sich an der Stelle, wo heute das Haus Nr. 27 in St.-Clement's Lane steht.

Die Gloria Vision

Eines Morgens, gegen Ende 1609, nach einer lauen Betrachtung, wie ihr schien, kämmte sie vor dem Spiegel ihr Haar, wie sie selbst mitteilte. Ein ähnliches Erlebnis wie am 2. Mai des gleichen Jahres überfiel sie wie ein heftiger Ansturm. Ihr wurde in einem Augenblick klar, daß sie nicht für den Karmel bestimmt sei, sondern für »etwas anderes«, das mehr der Ehre Gottes diene, als wenn sie in jenen Orden eintrete. Sie verstand, das »Andere« werde zur Verherrlichung Gottes gereichen. Geraume Zeit war sie erfüllt vom Klang des Wortes: Gloria. Als sie sich wieder zurechtgefunden hatte, fühlte sie sich bereit, liebend auf das »Andere« zuzugehen. Dann kam aber Furcht in ihr auf, was wohl geschehe, wenn der Beichtvater ihr den Eintritt in den Karmel befehle; sie war ja durch ein Gelübde gebunden. Dem, was sie erlebt und verstanden hatte, konnte sie nicht widerstreben, durfte sich jedoch auch dem Gehorsam nicht entziehen. Diesen Konflikt brachte sie in ihr Gebet, beteuerte ihre Bereitschaft, Gottes Willen zu erfüllen, was immer »das Andere« sei.

Der Beginn in St.-Omer

Maria sah nun als großes Ziel ihres Lebens und ihrer Aufgabe, die Verherrlichung Gottes. Einige Gefährtinnen schlossen sich ihr an; sie vertrauten dieser Frau von 25 Jahren, daß sie einen guten Weg wählen werde. Die Berufung zum Ordensstand, die gleichen Glaubenserfahrungen und dieselbe Bereitschaft, ihr Leben für den Glauben zu geben, banden die Gefährtinnen zusammen. Maria war nur für einige Monate nach England gesandt. Am Ende dieser Zeit ging sie mit ihrer kleinen Gruppe wieder nach St.-Omer.
Warum wählte sie wieder diese Stadt? Das Seminar der englischen Jesuiten war dort, auch ihr Beichtvater. Sie hatte große Achtung vor dem Bischof und vertraute ihm. St.-Omer war nahe der Heimat, der ihr Wirken galt. Es mußte also St.-Omer sein, wo »das Andere« begann.
Wann ist der Beginn anzusetzen? Er ist wichtig, weil damit das Institut, das heutige I.B.M.V., entstand. Der Zusammenschluß mit den Gefährtinnen in England fand Ende 1609, der Beginn in St.-Omer Anfang 1610 statt.

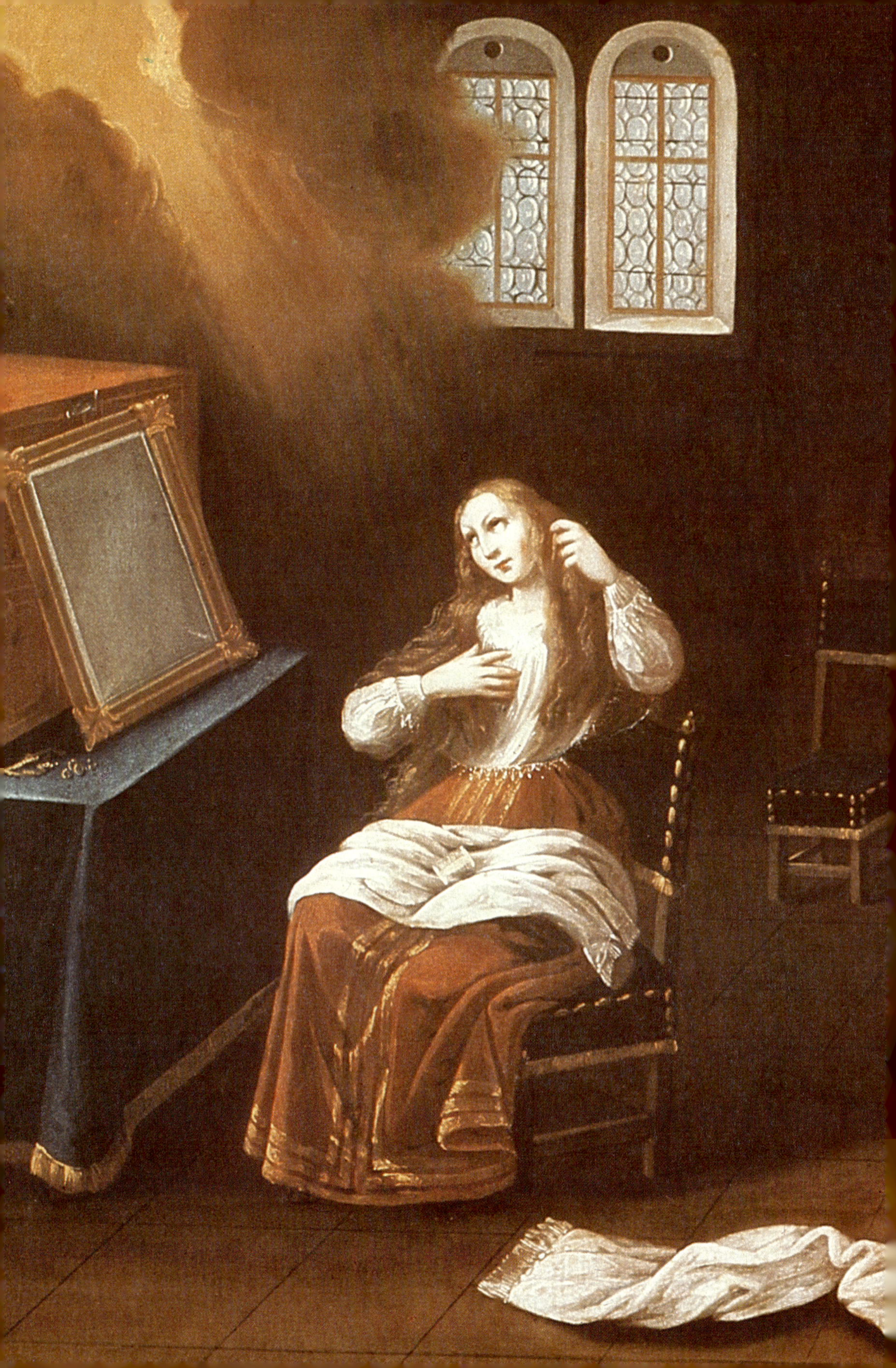

In St.-Omer erwarb Maria ein Haus an der Ecke der Rue Grosse (heute Rue Carnot) und der Rue des Bleuets; schon im nächsten Jahr kaufte sie ein Nachbarhaus dazu und kurz darauf ein drittes. Sie bemühte sich auch um die Genehmigung des Bischofs, der Erzherzöge von Brüssel, des Magistrats von St.-Omer.

Maria war mit fünf Gefährtinnen gekommen: Winefrid Wigmore aus Herefordshire, Susan Rookwood aus Suffolk, Catherine Smith aus Leicestershire oder Lincolnshire, Jane Brown aus Sussex und Mary Poyntz aus Gloucestershire. Ob Mary Poyntz wirklich schon Gefährtin oder die erste Schülerin war, konnte bisher nicht geklärt werden. Bald schlossen sich Barbara Ward, die Schwester Marias, und Barbara Babthorpe an, die Maria Ward von Osgodby her kannte.

Wie gestaltete sich das Leben Marias und der ersten Gefährtinnen? Gebet, Unterricht und Erziehung der Mädchen, die englische Familien ihnen schon am Anfang anvertrauten, füllten den Tag. Die Heranbildung der zukünftigen Frauen wurde auf dem Festland zur Hauptaufgabe des neuen Instituts. Eine Tagesschule für Mädchen aus dem einfachen Volk wurde später eröffnet.

Die jungen Frauen führten ein hartes Bußleben, das an die Ordnung der Klarissen erinnerte. Maria, noch im Ungewissen über die innere Gestalt dieser neuen Gründung, hielt an dem fest, was ihr vertraut war. Gebet, Buße und Fasten waren auch Bitte an Gott um Klarheit, welcher Lebensform dies »Andere« folgen sollte.

Die Gefährtinnen trugen einheitliche Kleidung, die sie wenige Jahre später dem Jesuitentalar anglichen.

◀ *Die Gloria-Vision, als sie sich kämmte*
Der Kreis der ersten Gefährtinnen

Zurück nach St.-Omer *Ort des ersten Hauses des Instituts*

Zunächst gab es keinen besonderen Namen für die neue Gemeinschaft. So nannten sie die Leute von St.-Omer die Englischen Fräulein, die Englischen Jungfrauen. Maria ging wieder durch eine dunkle Zeit. Sie wußte nicht, welcher Regel sie folgen sollte. Sie hatte ja nicht bloß ihren Lebensweg zu bedenken, sondern trug Verantwortung für die Gefährtinnen. Schon bald sah sie, daß sich die vielen Bußübungen im täglichen Leben auf die Dauer nicht mit den Anforderungen des Tages vereinen ließen.

Der neue Kurs

Kurz nach dem Besuch des Brüsseler Nuntius im Oktober 1611 erkrankte Maria schwer. Die Gefährtinnen wallfahrteten nach Scherpenheuvel (Montaigu), etwa 30 km nordöstlich von Löwen entfernt. Bei der Muttergottes erbaten sie Marias Genesung. Die Kranke erholte sich wieder. In einer Stunde der Gnade wurde ihr Klarheit darüber gegeben, wie ihr Orden zu gestalten sei. Es sollte »das Gleiche von der Gesellschaft Jesu« sein, soweit dies für Frauen angemessen sei. Die Sicherheit, die Maria in dieser Stunde gewann, wurde durch keine Schwierigkeit erschüttert. Sie war ja schon seit ihren Jugendjahren auf das ignatianische Ideal vorbereitet. Sie hatte den apostolischen Eifer der Jesuiten in England erlebt, war deren Unterweisungen gefolgt. Maria war glücklich. Das also war »das Andere«.

Erste Schatten

Sie mußte über das Erlebte mit ihrem Beichtvater sprechen. Pater Lee wollte von einem so engen Anschluß an die Gesellschaft Jesu nichts hören. Er bemühte sich auch in den nächsten Jahren, den Eifer der Frauen für die integrale Übernahme der ignatianischen Ordensverfassung in bescheidenen Formen zu halten. Maria war nie für Halbheiten. Auch hier konnte sie nichts abstreichen. In seinen Ansprachen versuchte Pater Lee der Gemeinde klarzumachen, daß ihnen der Titel »Gesellschaft Jesu« jedenfalls jetzt noch nicht zukomme; er lenkte die Aufmerksamkeit seiner Zuhörerinnen auf die Muttergottes als ihr Vorbild hin und führte sie in die Geistesverfassung seines Ordensgründers ein in dem damals üblichen aszetischen Verständnis. Demut und Selbstverleugnung bildeten den Grund des geistlichen Gebäudes, das Ignatius aufgebaut hatte.

Die englischen Patres erfuhren von den Absichten der Frauen. Die Bevölkerung merkte die Ausrichtung und ebenso die Feinde der Gesellschaft Jesu. Die Patres befürchteten negative Folgen für ihren Orden.

Was Maria Ward unternahm, war etwas Neues in der Kirche. Zwar gab es in Flandern unter der Leitung der Jesuiten Frauengemeinschaften, die sich ohne Klausur Werken der Nächstenliebe widmeten. Aber was Maria begann, hatte eine Kontur, die sich von diesen Frauengruppen abhob. Sie wollte ein großangelegtes, zentralgeleitetes Institut aufbauen, das nicht an die Klausur gebunden war, um besser, freier den Menschen dienen und helfen zu können.

Maria lebte in der Gewißheit, Gottes Willen richtig verstanden zu haben, obgleich Wolken am Himmel aufzogen. Von einem Kurs ihrer Jahresexerzitien zwischen 1612 und 1614 sind Vorsätze erhalten. Was leuchtet daraus von ihrer inneren Welt auf? Maria achtete, daß ihr Gemüt ruhig auf Gott gerichtet blieb, »daß nicht leicht Gemütsbewegungen oder Vorfälle mein inneres Gleichgewicht und mein äußeres Verhalten stören«. Geistliche Freiheit und Ruhe erachtete sie für sich als notwendig, auch im Verkehr mit anderen. In den Vorsätzen spiegelt sich ihr großes Anliegen, das Institut auf der eingeschlagenen Bahn weiterzuführen. Ihr Beichtvater ging nicht in vollem Maß darauf ein. Sie blieb im Gehorsam, ohne ihrem Seelenführer »in Wunsch, Wort oder Werk zu widersprechen«.

In Jesuitenkreisen erhoben sich Bedenken, ob das Institut überhaupt einen rechtlich fundierten Boden gewinnen könne. Schreiben aus der Generalskurie ließen erkennen, daß Maria Ward von der Gesellschaft keine kräftige Stütze zu erwarten habe. Der General riet zu größter Zurückhaltung. Ein weiblicher Zweig der Gesellschaft Jesu schien unannehmbar und drohte, den Orden der Lächerlichkeit preiszugeben. Auch von den englischen Weltpriestern wurden Bedenken gegen das Wirken der Frauen laut.

Was sich an Befürchtungen, Klagen, Bedrohungen zusammenbraute, kam zur Kenntnis des Bischofs von St.-Omer. Er sah die Einkreisung und nahm in einem öffentlichen Schreiben Maria Ward und ihre Gründung in Schutz. Der Brief läßt erkennen, wie bedroht das Institut war, wie es aber auch an Einfluß gewann und seine Tätigkeit entfaltete. Zu den Neidern gehörten auch andere englische Klöster

Maria Ward, ältestes Bild, (1621) im I.B.M.V. Augusburg

und ihre Beschützer. Ihnen zählte der Bischof auf, daß 49 Mädchen seit 1610 über Maria Wards Haus in die anderen Orden eingetreten waren. Bischof Blaes verteidigte die Tätigkeit, billigte die Lebensweise, für die Maria Ward Licht von Gott erhalten habe.

Was war denn eigentlich geschehen, daß sich so viele Ankläger und Gegner erhoben? Die Frauen hatten sich nichts zuschulden kommen lassen. Es war die nach den Konstitutionen der Gesellschaft Jesu ausgestreckte Hand, die eine Bewegung wie eine Mobilmachung in Gang brachte. Pater Lee stand im Kreuzfeuer der Auseinandersetzungen. Er suchte zwar den jugendlich starken, ignatianischen Eifer der Frauen zu bremsen, konnte sich aber dem Vorhaben Maria Wards nicht frontal entgegensetzen, weil er überzeugt war, daß Gott sie führte. Zudem übersah er keineswegs die Schwierigkeit, die gerade durch die ignatianische Ausrichtung über Maria Ward und ihre Gefährtinnen kommen werde.

Im Jahr 1614 kam es zur Versetzung von P. Lee. Bevor er sein Amt als Minister des Englischen Seminars einem Mitbruder übergab, sprach er zu den Gefährtinnen von einer baldigen Bestätigung des Instituts. Für seine Versetzung wurde zu Recht seine zerrüttete Gesundheit angegeben; aber aus seinen eigenen Worten wissen wir auch, daß er vom Werk Maria Wards getrennt werden sollte. Die Entfernung von Pater Lee mag für Maria Ward eine Erschütterung gebracht haben. Doch blieb sie auf ihrem Weg, den sie jetzt in größerer Einsamkeit weitergehen sollte.

Ein Institutsplan

Für Maria war die Verfassung des Instituts klar, seit sie Ende 1611 die Worte verstanden hatte: »Nimm das Gleiche von der Gesellschaft«. Nun ging es um die tapferen Schritte zur Verwirklichung des Auftrags. Maria verfaßte 1614/15 einen Plan, legte ihn dem Bischof vor, der zustimmte und die Übersetzung ins Lateinische erstellen ließ. Der Plan zeigt die Entwicklungsstufe des damaligen Instituts an. Darin tritt die Orientierung am Orden des hl. Ignatius hervor. Maria sah in dem Schreiben wohl einen kurzen Leitfaden zu den Konstitutionen. Als Ziel stellte sie die Heiligung der Mitglieder und den Dienst für den Nächsten vor, namentlich für die im Glauben bedrängten Katholiken Englands. Als eine Hauptaufgabe nannte sie die religiöse Unterweisung der weiblichen Jugend. Was war so neuartig an diesem Plan? Das Institut sollte unmittelbar dem Papst unterstellt sein, frei von der im Kirchenrecht vorgeschriebenen Klausur, zentral geleitet werden von einer Generaloberin. Ihr Werk schloß Maria mit der Bitte um die päpstliche Bestätigung.

Die Gründerin legte die für die Zeit ungewohnte Verfassung ihres Fraueninstituts mit der ihr eigenen Sicherheit und in vollem Freimut vor. In ihrer Liebe zur Aufrichtigkeit vermied sie politische Schachzüge und setzte alles auf eine Karte. Denn sie war sicher, Gottes Willen zu erfüllen. Sie hatte Gelegenheit zu einer persönlichen Übersendung; Graf Thomas Sackville ging im November 1615 von den Spanischen Niederlanden aus nach Rom.

Abschied von Pater Lee

Nach seiner Versetzung kam P. Lee nochmals nach St.-Omer. Wahrscheinlich konnte Maria Ende Oktober 1615 ihre Exerzitien bei ihm machen. Am 1. November berichtete sie ihm über ein inneres Erlebnis, das sie tief angesprochen hatte. Die Grundhaltung der Mitglieder des Instituts war ihr klar geworden. Gelöst von egoistischen Gebundenheiten sollten die Gefährtinnen ihre großmütige Hingabe an Gott im Dienst für die Mitmenschen leben. »Für alles offen, aber an nichts gebunden«, so schildert Maria die Freiheit, »die darin besteht...daß eine solche Seele alles auf Gott bezieht«. Dieses Grundwort kommt mitten aus dem Herzen Maria Wards. Im Schreiben an P. Lee nennt sie zwei weitere tragende Kräfte: Gerechtigkeit und Wahrhaftigkeit. Gerechtigkeit verstand Maria im Sinn des Alten Testaments als Leben und Sein nach Gottes Willen. Die Wahrhaftigkeit hängt mit dieser Gerechtigkeit zusammen. Wenn alles auf den Willen Gottes ausgerichtet ist, dann stimmt es mit dem Menschen. Dann geht es um »die große Wahrheit, die mein ganzes Leben erfüllt«, wie Newman sagte. Maria Ward sprach es auf ihre einfache Weise aus: »daß wir so sind, wie wir scheinen, und scheinen, wie wir sind«, mit anderen Worten: daß wir das ganz sind, was wir unserem Wesen nach sein sollen. Darin ist auch jene Freiheit eingeschlossen, die Maria Ward im Gehorsam gegen Gottes Willen begründet weiß.

Im Jahr 1617 sprach sie über Wahrheit und Wahrhaftigkeit zu ihren Gefährtinnen: »Liebet die Wahrheit. Wer kann eine Lüge lieben? Und alle Dinge sind Lügen, die nicht mit dem übereinstimmen, was sie wirklich sind oder wer kann ein Geschöpf oder einen Freund lieben, der nicht das ist, was er zu sein scheint?«

Aus dem Brief an P. Lee wird auch klar, daß sich Maria Ward intensiv mit der Frage beschäftigte, wie ihre Gefährtinnen die nötige Ausbildung für ihre Tätigkeit bekommen könnten. Kollegien gab es für Mädchen nicht. Maria fand eine erste Antwort als Grundvoraussetzung für das Wirken ihrer Gefährtinnen. Wenn diese in der angesprochenen Grundhaltung lebten, so würden sie, wie Maria sicher glaubte, »aus der Hand Gottes wahre Weisheit und Tüchtigkeit empfangen, um alles in die Tat umzusetzen, was dieses Institut von uns verlangt, wenn es voll und ganz verwirklicht wird«. Sie suchte aber auch nach Möglichkeiten für eine entsprechende geistige Ausbildung, wie sich aus ihren Schriften nachweisen läßt.

Der zweite Brief an P. Lee bedeutete den Abschied. Der Pater war sehr leidend und schon auf dem Weg in die Heimat. Maria dankte für seine geistige Führung, die ihr Sicherheit und Trost gebracht hatte. P. Lee hatte der Gründerin als dringlichste Aufgabe die Sorge für die päpstliche Bestätigung anempfohlen. Noch vor der Überfahrt nach England, in Dünkirchen, erlag er im Dezember 1615 seinem Lungenleiden.

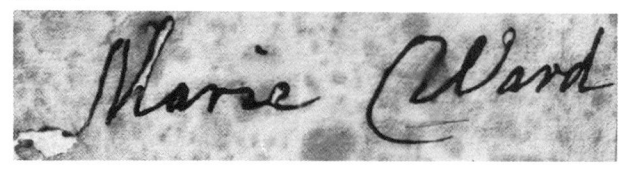

Maria Wards Unterschrift

»Ein großes Vertrauen, daß der Wille Gottes geschieht«

Licht und Schatten – Gründungen und Widrigkeiten 1616–1628

Die römische Verhandlung und die Folgen

Der Plan, den Graf Sackville nach Rom mitnahm, war für den Papst bestimmt. Doch gelangte das Schreiben kaum in die Hände Pauls V. In Rom wurde zunächst, offenbar von Freunden aus der Gesellschaft Jesu, eine einfache, verkürzte Form vorbereitet; Kennern der Kurie war klar, daß ein so auffallend neues Institut nie bestätigt werde. Der Papst überwies die Bearbeitung der Konzilskongregation. Die Antwort aus Rom ging an den Bischof von St.-Omer und an den Nuntius in Brüssel. Der Eifer der Engländerinnen fand das Lob der Kongregation; der Bischof solle die weitere Entwicklung des Werkes mit seiner Hilfe und Sorge begleiten. Später könne über die Bestätigung verhandelt werden. Die Antwort ermutigte Maria Ward.
Sie wagte sich nun an die Ausbreitung des Instituts. Zwischen 1616 und 1621 wurden vier Niederlassungen gegründet. Im gleichen Zeitraum ging sie zwei- oder dreimal nach England, um ihren dortigen Gefährtinnen Halt und den Katholiken Hilfe zu bieten.
Am 24. November 1616 machten sich fünfzehn Engländerinnen von St.-Omer aus auf den Weg nach Lüttich. In Brüssel besuchten sie die Erzherzogin Isabella, die ihnen Wohlwollen und Aufmerksamkeit schenkte. Das erste Lütticher Haus nahe der Kollegiatskirche St. Martin wurde um 11000 Gulden erworben. Zwei Jahre später eröffnete Maria das für ein Noviziat bestimmte Haus auf der Pierreuse, ebenfalls auf einem der Hügel Lüttichs. Diese Niederlassung hatte nur kurzen Bestand; sie mußte wegen übergroßer Verschuldung bald aufgegeben werden. Aber das Haus auf dem Mont St.-Martin machte gute Fortschritte. Fürstbischof Ferdinand von Lüttich, Bruder Maximilians I. von Bayern, zugleich Erzbischof von Köln, gewährte der neuen Gründung seinen Schutz. 1620 erfolgte die bürgerliche Eingemeindung der Mitglieder beider Niederlassungen.
Was zog Maria Ward nach Lüttich? Das Haus in St.-Omer war überfüllt. Das Verhältnis zu den englischen Jesuiten des dortigen Seminars hatte sich seit dem Tod P. Lees weiter abgekühlt. Daß sie Lüttich wählte, verdankte sie ohne Zweifel der ausgestreckten, hilfreichen Hand des Rektors des englischen Noviziats der Jesuiten in Lüttich, P. John Gerard. Mit der Betreuung der Englischen Fräulein trat er das Erbe von P. Lee an. Er ermutigte Maria Ward zum Ausbau des Instituts nach den Konstitutionen des heiligen Ignatius. Dadurch brachte er Verwirrung in seine eigene Kommunität und wurde schließlich im Jahr 1621 wegen der Unterstützung des Fraueninstituts und der Verschuldung seines Hauses des Amtes enthoben.
Die älteste Vita berichtet relativ viel von den verschiedenen Aufenthalten in England

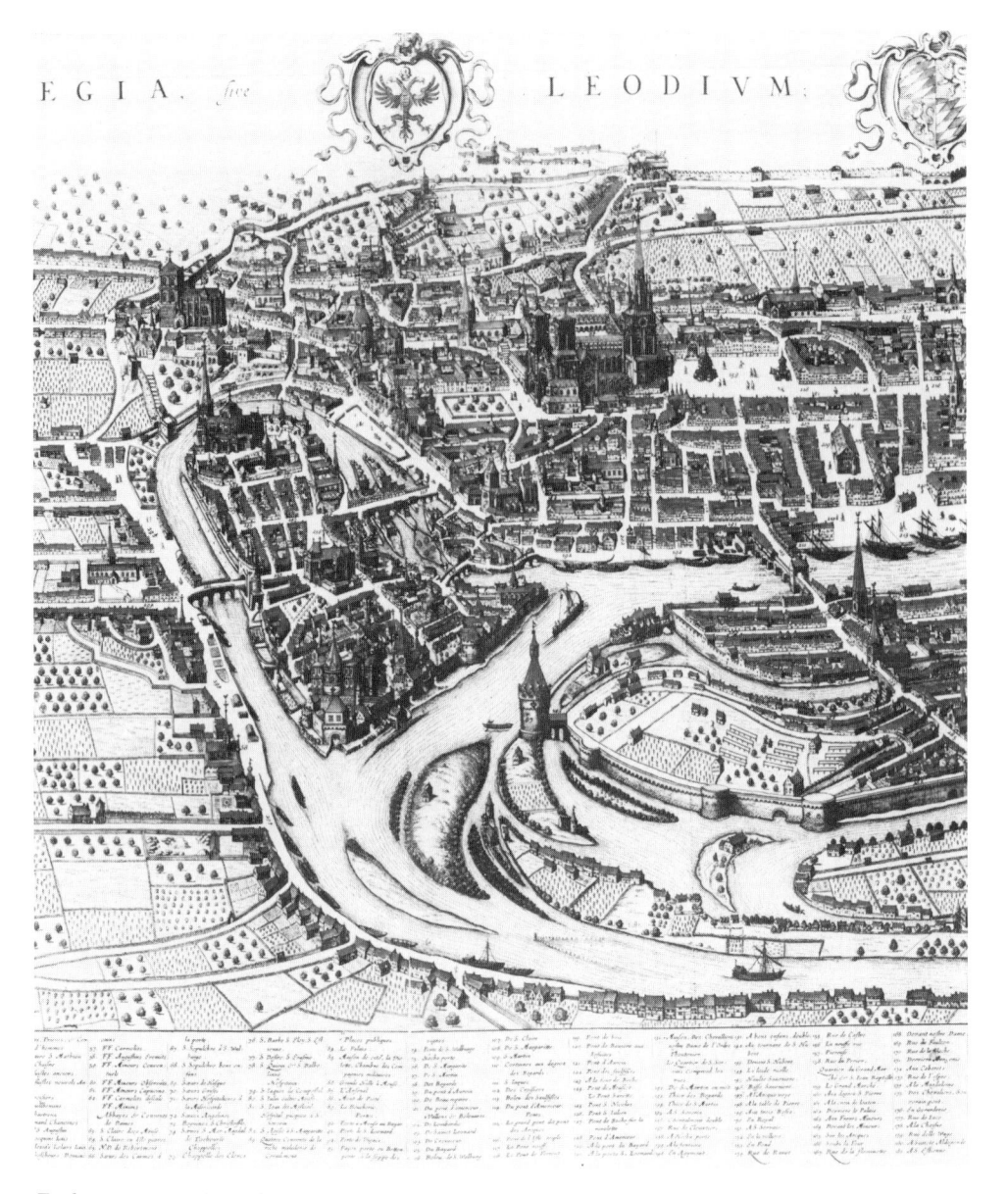

F. de Wit, Lütticher Plan, 1680. Links oben St. Martin

während der vorrömischen Jahre. Maria setzte sich für die flüchtigen Priester ein, sorgte für Notleidende jeder Art, besuchte die Gefangenen, stand Kranken bei. Es kam zu Bekehrungen, an denen Maria ihren guten Anteil hatte. Zu ihren Anliegen gehörte auch die Sorge um die Gefährtinnen, die sie in England eingesetzt hatte. Ihre Tätigkeit in England blieb nicht verborgen, sondern brachte sie und die Ihrigen ins Gespräch der Leute. Sympathie und Kritik wurden laut. Ihr Name kam auch dem Erzbischof von Canterbury George Abbot zu Ohren. Er soll gesagt haben, sie schade der anglikanischen Kirche mehr als sechs Jesuiten.

Maria Wards Frauenbild

Von ihrer Englandreise 1617 kehrte sie nach St.-Omer zurück. Sie wußte, daß von außen an ihre Gefährtinnen Bedenken und Kritik herangetragen wurden. Diesmal konnte Maria persönlich eine erfahrene Abwertung auffangen. P. Michael Freeman, Minister im Englischen Seminar, lieferte die Stichworte für eine klärende Aussprache. Offenbar hatten die Gefährtinnen dem Pater erzählt, daß Graf Sackville berichtet habe, Maria Wards Institut werde in Rom von bedeutenden Persönlichkeiten, auch Kardinälen geschätzt. Darauf P. Freeman: »Es mag stimmen, solange sie in ihrem ersten Eifer sind. Aber der Eifer schwindet. Und schließlich sind sie nur Frauen.« »Eifer« und »nur Frauen« nahm die Gründerin zum Thema ihrer Ansprache. Der Eifer bestehe nicht in Gefühlen, sondern im Willen, das Gute zu tun, und das gut zu tun, was man zu tun habe, auch die ganz gewöhnlichen Dinge. Auf die Bewährung im Alltag legte Maria großen Wert. Der Eifer, so führte sie aus, schwindet, »weil wir unvollkommene Frauen sind, weil wir die Wahrheit nicht lieben, weil Frauen sich manchmal zu sehr an die Seelenführer anklammern«, so daß mit ihnen ihr geistliches Leben steht oder fällt. Der Eifer schwindet aber nicht deshalb, weil »wir Frauen sind.«

»Was soll der Ausdruck ,nur Frauen' anderes bedeuten, als daß wir in allen Dingen einem anderen Geschöpf, dem Mann, wie ich annehme, nachstehen. Das ist, wie ich zu sagen wage, eine Lüge; mit Rücksicht auf den guten Pater will ich das Wort einen Irrtum nennen... Es gibt keinen solchen Unterschied zwischen Männern und Frauen... Veritas Domini manet in aeternum – die Wahrheit des Herrn bleibt in

Der kraftvolle Turm der Kirche St.-Martin *Maria Ward im Gebet*

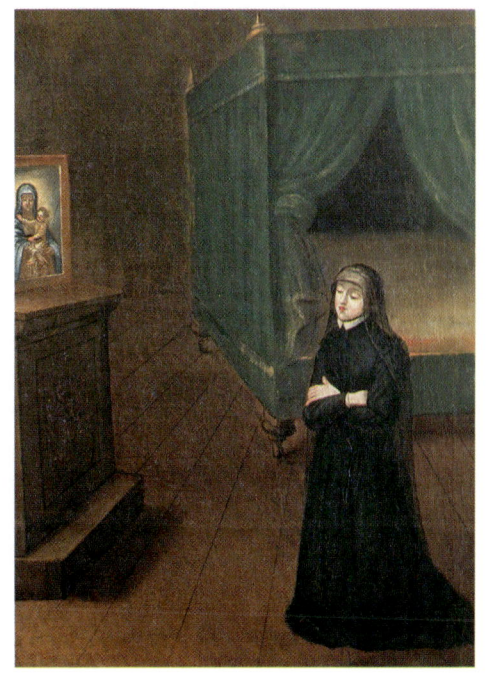

Ewigkeit. Es heißt nicht veritas hominis, die Wahrheit der Männer oder der Frauen, sondern veritas Domini. Diese Wahrheit können Frauen ebensogut besitzen wie Männer. Mißlingt es uns, so geschieht es aus Mangel an dieser Wahrheit, aber nicht, weil wir Frauen sind... Es gibt keinen solchen Unterschied zwischen Männern und Frauen, der Frauen hindern könnte, Großes zu vollbringen, wie wir am Beispiel der Heiligen sehen... Ich hoffe zu Gott, daß man in Zukunft sehen kann, daß Frauen Großes vollbringen.«

Sie versuchte den jungen Frauen ihrer Gemeinschaft die eigene Zuversicht und Begeisterung mitzuteilen: »Die Leute schauen euch mit verschiedenen Augen an. Alle sehen in euch Anfängerinnen einer bisher nicht dagewesenen Lebensweise. Sie fragen verwundert, was mit uns werden wird... Einige glauben, wir wären nur Frauen und strebten Dinge an, die die Fähigkeit der Frauen übersteigen; sie meinen, wir würden zugrundegehen oder doch in manchen Dingen weit hinter unserem Ziel zurückbleiben. Andere sehen in uns nur die Frau. Mit einer Art Eifersucht, daß wir Dinge durchsetzen und zustandebringen könnten, die außerhalb des Bereichs so schwacher Geschöpfe liegen, wofür man Frauen stets gehalten hat, hoffen sie, daß unser Eifer schwinde und daß sie uns mit Beschämung und Verwirrung bedeckt sehen. Ich bin gewiß, andere sehen uns wieder mit ganz anderen Augen. Sie glauben, daß durch uns die Welt bekehrt werde.«

Es soll den Gefährtinnen nicht so wichtig sein, wie sie angesehen werden; worauf es der Gründerin ankommt, ist dies:

»Seid dessen eingedenk, daß Gott das Endziel all eurer Handlungen ist, dann werdet ihr Frieden finden, alle Dinge werden euch leicht und möglich erscheinen.«

Was für eine Frau war Maria selbst? Die Engländerin blieb ihrer Eigenart treu. Sie wahrte auch in schwierigen Zeiten ihren englischen Humor. Mit ihrer Heiterkeit konnte sie andere anstecken und froh machen. Sie wollte, daß ihre Gefährtinnen glückliche Menschen seien, frei von Mißtrauen und von zu großer Sorge für sich selbst, bereit für den ihnen anvertrauten Dienst. Mit gesundem Menschenverstand, klarem Kopf und warmem Herzen sollten sie ihren Alltag bestehen. Kontakt und Freundschaft gehörten zu Marias Mission. Sie verlangte viel von sich wie von den Gefährtinnen. »Halbe Frauen taugen nicht für solche Krisenzeiten«, schrieb sie in einem Brief vom Jahr 1635.

Die Wirren im Lütticher Haus

Nach einem weiteren Aufenthalt in England kehrte sie nach Lüttich zurück und fand die Gemeinde in Uneinigkeit und Verwirrung. Was war geschehen? Schwester Praxedes glaubte Schauungen zu haben, die in eine andere Richtung wiesen, als Maria sie eingeschlagen hatte. Die Seherin fand Anhängerinnen in der Kommunität, vor allem in der Ministerin des Hauses, Mary Alcock. Die Gründerin erkannte, daß es um die Struktur des Instituts ging. Die Gruppe arbeitete auf die Annahme einer approbierten Ordensregel hin.

Wie überwand Maria die Krise? Im April 1619 machte sie Exerzitien. Hatte sie die Botschaft von 1611, den Auftrag und seine Ausführung, richtig verstanden? Die

Selbstprüfung war berechtigt. Denn der objektive Gehalt einer geistlichen Erleuchtung läßt sich schwer von der persönlichen Interpretation trennen, in die Erfahrungen und menschliche Voraussetzungen einfließen.

Die Weise, wie Maria zu einer Antwort auf ihre Frage kam, läßt ihren Großmut erkennen und ihre Sorgfalt, den Willen Gottes klar zu sehen und zu erfüllen. Sie machte Pater Gerard den folgenden Vorschlag: »Könnte Schwester Praxedes nicht in Form eines Institutsplanes schreiben, was sie gesehen hat, zusammen mit allem, was sie von Gott in dieser Angelegenheit erhielt?... Sie darf wissen, welchen Auftrag ich von Gott erhalten habe.«

Maria war fähig in einer Sache, die ihr mehr galt als ihr Leben, sich in Frage zu stellen und sich dem Urteil anderer zu unterwerfen. Sie bat um Gottes Hilfe, »denn er war meine letzte und beste Zuflucht«.

Wie sie sich zur Freiheit durchrang, zeigt ihre Exerzitienaufzeichnung, in der sie sich während ihrer Betrachtung über den Tod Rechenschaft gab. Die Niederschrift läßt vier Stufen erkennen.

– Maria befand sich zunächst in einem bedrückenden Zustand von »Traurigkeit und Dunkel«. Als sie dem Thema »Tod« näherkam, fühlte sie ein Widerstreben, ihr Institut zu verlassen, bevor die Bestätigung erlangt sei; denn spätere Mitglieder könnten etwas anderes daraus machen. Sie kam sich im Augenblick unentbehrlich vor.

– Sie wollte aber die Unentbehrlichkeit nicht gelten lassen und wandte sich an Gott, der seinen Willen durchführen könne, durch wen er wolle; sie bat um innere Freiheit. Sie wollte sich nicht kleiner, nicht größer sehen, als sie war. Um Abstand zu gewinnen, überschaute sie den Weg ihrer Berufung. »Gottes Wirken war Anfang, Mitte und Ende und einzige Ursache« ihrer Gründung.

– Sie fand nun, daß sie zwar ohne besondere Bedeutung für das Werk war, kam sich dennoch unentbehrlich vor. Den Widerstreit zwischen Einsicht und Willen vermochte sie aus eigener Kraft nicht zu lösen; es lag Maria Ward immer fern, Unsicherheiten mit frommen Worten zuzudecken oder Entscheidungen aus dem Weg zu gehen. Sie hielt aus und hielt sich dem Herrn hin. Nun sah sie sich weniger wichtig als zuvor. Jetzt wurde ihr Anerbieten an Gott ganz einfach formuliert: »Weder Leben noch Tod, mein Gott, Dein heiliger Wille soll immer geschehen. Tue, was Dir am besten gefällt...« Ihre anfängliche Energie hatte eine Korrektur erfahren.

– In der letzten Phase drang zunächst nochmals ihre Aktivität durch. Sie erklärte sich bereit, vor der Bestätigung ihres Instituts zu sterben. Dann wurde sie schließlich sanft ins Gleichgewicht gebracht: »Meine Sicherheit und mein Heil bestehen darin: einzig in Gottes Willen zu ruhen, und das tue ich und will es für immer so.« In dieser inneren Ausgewogenheit bestand sie ihre Prüfung.

Die äußere Lösung des Konflikts trat dann auf drastische Weise ein. Praxedes starb, und Mary Alcock verließ das Institut.

Die Gründungen an Rhein und Mosel

Trotz aller Schwierigkeiten blieb einer Maria Ward der Zug ins Große eigen. Kurz hintereinander 1620/21 wagte sie zwei neue Gründungen. Einsichten und Hoffnun-

Pilgerhut, erhalten im I.B.M.V. Altötting
Pilgerschuhe, erhalten im I.B.M.V. Altötting

gen wirkten mit. Sie brauchte Wohltäter, die ihrer finanziellen Lage aufhelfen und sich in Rom für die Bestätigung einsetzen konnten.

Ihre Schwester Barbara berichtet, Maria habe auf Einladung Ferdinands, des Erzbischofs von Köln, den Weg von Lüttich nach Köln eingeschlagen. Vielleicht ermöglichte ihr der Kölner Nuntius, Antonio Albergati, der meist in Trier residierte, die Gründung an der Mosel.

Juan Pantola de la Cruz,
Infantin Isabella Clara Eugenia *Ambrogio Figini, Hl. Karl Borromäus*

Ihr Haus in Köln war in der Breiten Straße 18, nach der früheren Numerierung. Es gehörte zur Pfarrei St. Kolumba. Für Trier sind die Nachrichten viel dürftiger. Jedenfalls war die Erziehungsarbeit der Engländerinnen sowohl am Rhein wie an der Mosel dringend erwünscht.

Heute erscheinen vier Neugründungen in fünf Jahren ohne entsprechende finanzielle Absicherung als gewagte Unternehmen. In den fünf Jahren kam das Institut mehr und mehr in die Enge. Es war eingekreist von Zurückhaltung und den Bedenken der Jesuiten, von der offenen Gegnerschaft der Jesuitenfeinde, auch von solchen, die zwar nichts gegen diese mutigen Frauen hatten, aber ein so neuartiges Unternehmen nicht unterstützen konnten, sondern ablehnen mußten. Es gab nur einen Ausweg: die Approbation durch den Papst.

Die Reise von Lüttich nach Rom

Schon 1614 war der Plan der großen Reise erwogen worden. Wahrscheinlich ließ damals Marias gesundheitliche Verfassung ein solches Unternehmen nicht zu. Im Jahr 1621 gab es kein Aufschieben mehr. Die Gründerin fürchtete sich nicht vor dem langen unsicheren Weg, vor den Gefahren des Dreißigjährigen Krieges, den Unbilden der Witterung und was sonst eine so weite Reise durch fremde Länder mit sich bringen konnte. Sie mußte nach Rom gehen. Nur der Papst konnte ihr helfen.

In Brüssel nahm die mutige Frau Abschied von der Infantin Isabella. Die Fürstin riet

Maria, daß sie und ihre Gefährtinnen zu ihrer größeren Sicherheit die Pilgerkleidung tragen sollten: ein weites einfaches Kleid, eine Pelerine bis über den Gürtel, die weiße gestärkte Halskrause mit Spitzenrändern und die übliche Haube. Auch der Pilgerhut mit breiter Krempe, der große Rosenkranz und der Pilgerstab gehörten zu dieser Tracht. Gegen Kälte und Regen schützte der mantelähnliche Umhang. Mit dem Paß, den die Infantin ausstellte, konnten die Reisenden ohne Behinderung die Grenzen überschreiten, die nötigen Aufenthaltsgenehmigungen erwerben; auch brauchten sie die gewöhnlich verlangten Abgaben nicht zu zahlen.

Maria nahm fünf Gefährtinnen mit: ihre Schwester Barbara, Winefrid Wigmore, Susan Rookwood, Margaret Horde und Anne Turner. Der Priester Henry Lee, Neffe des 1615 verstorbenen Pater Lee, und Robert Wright aus ihrer Verwandtschaft begleiteten die Frauen. Im Barockzeitalter wurde in Rom ein Unternehmen nach der Zahl des Gefolges und dem Aufwand eingeschätzt. Die Gesellschaft hatte zwei Pferde bei sich für das Gepäck und für den jeweils am meisten ermüdeten Pilger. Pro Tag waren etwa 30 km zurückzulegen.

Die Pilger machten sich am 21. Oktober 1621 in Lüttich auf den Weg. Er führte über Nancy, Lyon, den Mont Cenis, Turin, Mailand, Bologna, Loreto, Assisi, Spoleto, Terni die Via Flaminia nach Rom. Nur drei Ruhetage gab es unterwegs: in Nancy zum Briefschreiben, in Mailand zur Verehrung des 1610 heiliggesprochenen Bischofs Karl Borromäus, in Loreto zum Gebet in der Heiligen Kapelle. Vor dem Gnadenbild der Mutter Gottes berührte Marias Seele eine Ahnung, daß ihr Schweres bevorstehe. Sie zögerte nicht, alles anzunehmen, was kommen werde, für Christus zu arbeiten und zu leiden. Es war der 18. Dezember 1621.

Sechzehn Meilen, etwa 24 km vor Rom, wie mitgeteilt wird, erblickten die Reisenden in der Ferne die Kuppel von St. Peter. Aus Ehrfurcht vor den Aposteln und zum Zeichen ihres Gehorsams gegen den Nachfolger Petri kniete Maria nieder und grüßte die Heiligtümer Roms. In Rom galt ihr erster Gang der Peterskirche; anschließend betete sie in der Jesuitenkirche am Grab des hl. Ignatius.

Nach den 2000 Kilometern konnten die Pilger ihr Tedeum beten und den Reisepatronen danken, die sie täglich gemeinsam um Schutz angerufen hatten. Daß sie wohlbehalten ankamen, verdankten sie sicher auch der Zielstrebigkeit Maria Wards. Wie in ihrem Leben gab es auch unterwegs kein beliebiges Abweichen von der Route.

Die ersten Begegnungen in der Ewigen Stadt

Der Terminkalender der ersten Woche forderte von Maria wohl mehr Anspannung als eine Woche der langen Reise. Freitags, am 24. Dezember, waren sie in Rom eingetroffen. Nach dem ersten Weihnachtstag, am 26. Dezember, sandte Maria den Priester zum spanischen Prälaten Vives, der Isabellas Angelegenheiten in Rom vertrat. Montags empfing sie den Gegenbesuch des Prälaten. Am Fest der Unschuldigen Kinder hatten die Englischen Fräulein ihre erste Audienz bei Gregor XV. Am 29. besuchte die Gründerin den spanischen Gesandten, kurz darauf Kardinal Ludovi-

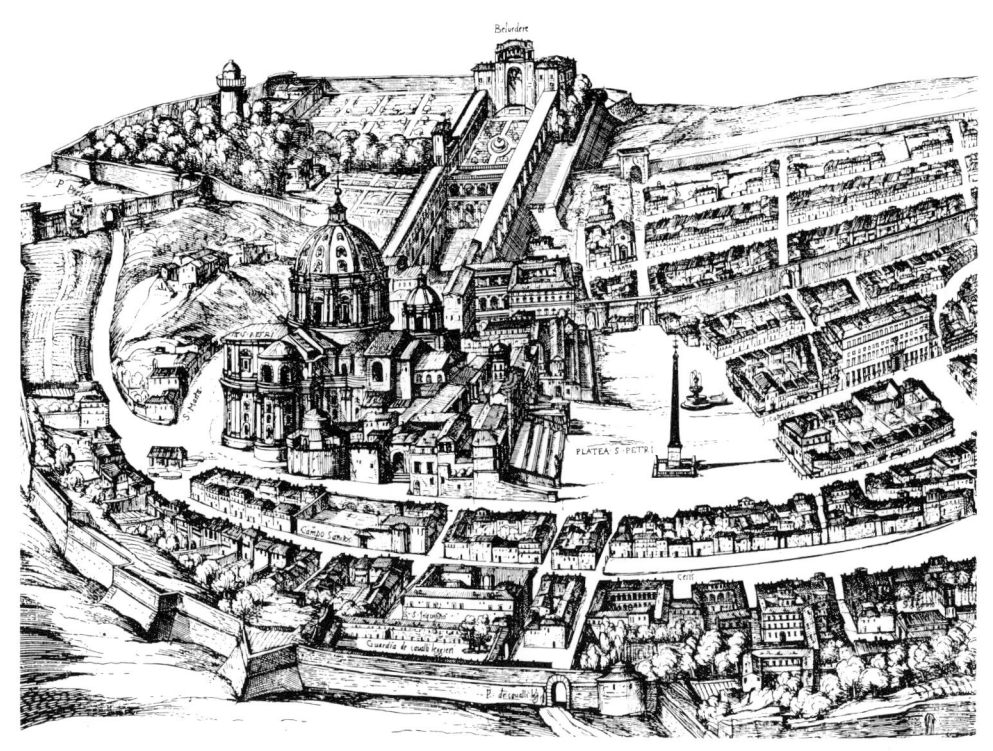

St. Peter nach dem Romplan des A. Tempesta, 1593

si, den Neffen des Papstes, und den deutschen Kardinal Hohenzollern. Dann kam es zu einer längeren Unterredung mit dem General der Gesellschaft Jesu.
Wie erging es Maria Ward bei der ersten Audienz? Prälat Vives stellte die Frauen dem Heiligen Vater vor. Er empfing seine englischen Besucherinnen mit Freundlichkeit und Interesse. »Gott sorgt für die Nöte der Kirche zur rechten Zeit.« Er sprach von der Notwendigkeit einer geistlichen Erneuerung der Frauen in den nördlichen Ländern. In der Gewißheit, in Gottes Auftrag zu stehen, erhoffte Maria jetzt schon eine günstige Aussicht auf die Bestätigung. Sie überschaute das Ausmaß ihrer Bitte nicht. Der Heilige Vater versicherte in lateinischer Sprache, er wolle die erbetene Approbation gerne geben, wenn die Regeln dem Kirchenrecht entsprächen. Die Fragen nach der Kleidung – die großen Hüte waren dem Papst aufgefallen –, nach der Wohnung, der Zahl der Personen beantwortete Prälat Vives. Gregor XV. versprach seine Hilfe und überwies ihre Angelegenheit der Kardinalskongregation. Mit einem Wort der Ermutigung: »Wer ausharrt bis ans Ende, wird gekrönt werden«, verabschiedete der Heilige Vater seine Besucherinnen.
Wie erging es Maria bei ihrem Besuch beim Pater General? Nach dem Bericht des Prälaten Vives stärkte die Aussprache bei P. Vitelleschi ihre Zuversicht. Pater General erklärte sich im Rahmen seiner Möglichkeiten zur Hilfe bereit. Wie er früher den Patres der nördlichen Provinzen geschrieben hatte, teilte er ihr nun persönlich mit, daß sie mit den gleichen Diensten rechnen könne, die die Patres der Gesellschaft Jesu auch anderen Frauen in ihren Kirchen erwiesen. Er mußte das

General der Gesellschaft Jesu, Mutius Vitelleschi

Gleichgewicht zwischen Entgegenkommen und Zurückhaltung wahren; denn nach den Vorschriften seines Ordens konnte er sich nicht einmischen, wenn die Kurie über Maria Wards Eingabe verhandelte.

Schon am Ende der ersten römischen Woche sah Vives, ein guter Kenner der päpstlichen Kurie und des kirchlichen Rechts, daß sich die Verhandlungen in die Länge ziehen werden. Er hatte bereits die neuralgischen Punkte begriffen: Freiheit von der Klausur und Unterstellung des Instituts unter den Papst. So schrieb er der Infantin nach Brüssel, vor Mai sei kaum ein Bescheid zu erwarten. Auch die Geldnot der Engländerinnen erfaßte er rasch.

Maria übergab dem Papst die in Lüttich vorbereitete Supplik und reichte ihren Institutsplan ein. In der Bittschrift legte sie mit großem Freimut ihre ungewöhnlichen Anliegen vor. Die Übergabe des Planes zeigt, daß die Gründerin keine kurienkundige Beratung hatte, sie wohl auch nicht für nötig hielt. Wo es ihr um die Sache Gottes ging, – so verstand sie ihr Vorhaben – richtete sie sich nie nach diplomatischer Klugheit. Alles sollte vor der Kirche offenliegen.

Der Plan befaßte sich mit dem Namen des Ordens (»Gesellschaft, die wir mit dem Namen Jesu zu bezeichnen wünschen«), mit Ziel und Aufgabengebiet, mit der Leitung der Gemeinschaft (unmittelbare Abhängigkeit vom Papst, Amt der Generaloberin), mit den Mitgliedern (Gelübde, Ausbildung, Lebensweise). Wenigstens 85% der Schrift wurden wörtlich dem Text der Gesellschaft Jesu entnommen, den Julius III. 1550 dem hl. Ignatius bestätigt hatte. Warum übernahm Maria das Dokument der Jesuiten sogar im Wortlaut? Sie sah sich seit 1611 auf diesen Weg gewiesen. Auch glaubte sie, daß eine bereits bestätigte männliche Ordensverfassung leichter auch den Frauen zuerkannt werde.

In dem Dokument beschränkte sich ihre geplante apostolische Tätigkeit nicht mehr auf England allein, sondern sollte weltweit sein; auch Missionen bei »Heiden und Türken« waren eingeschlossen. Solche Vorschläge von Frauen wurden als verwegene Kühnheit angesehen. Marias innere Sicherheit hatte zwar eine geistliche Komponente, war aber auch von ihrer fraulichen und nationalen Eigenart geprägt. Ihr bewundernswerter Eifer jedoch, mit dem sie auf ihr Ziel zuging, vermochte die Hindernisse, die ihrem Vorhaben begegneten, nicht zu beseitigen.

Schon am 21. Januar 1622 ging vom englischen Gesandten in Venedig eine Botschaft nach London: Die Engländerinnen fielen in Rom auf durch ihre Kleidung und ihre Pläne. »Wir werden einen neuen Orden von Jesuitinnen haben. Sie täten besser daran, sich mit Handarbeit zu befassen als Mädchen im Katechismus zu unterrichten, wie es die männlichen Jesuiten für die Jungen tun.«

In den ersten Monaten waren Hoffnungen und Enttäuschungen ineinander verflochten. Maria suchte die Verhandlungen voranzutreiben, erfuhr aber immer deutlicher, daß sie als hilflose Frau in Rom allein stand. Daß man sich Zeit ließ, bedeutete eine Mehrung ihrer materiellen Nöte. Vives zog sich zurück, als die finanzielle Lage aussichtslos wurde und Maria nicht im Sinn hatte, Rom zu verlassen. Ab 1623 ließ ihr die Infantin keine Spenden mehr zukommen.

Die Anklagen

Bald nach der Ankunft der Englischen Fräulein in Rom gelangten Beschwerdeschriften über sie an den Papst. Sie stammten vom Erzpriester des englischen

Unterschrift Maria Wards

Weltklerus, von einem Benediktiner und dem Präsidenten des englischen Priesterseminars in Douai. Was da vor die Augen der Prälaten kam, rief Bedenken gegen das Unternehmen der Engländerinnen hervor. Die Anklagen lassen erkennen, wie die Atmosphäre für Maria und ihr Werk in England gerade durch den so heftigen antijesuitischen Affekt der Schreiber vergiftet war. Gerüchte verbreiteten sich in der englischen Öffentlichkeit, die ohnehin alles Papistische und Jesuitische mit Spott überschüttete. Es kam so weit, daß Jesuiten und »Jesuitinnen« in einer öffentlichen Theateraufführung in London lächerlich gemacht wurden.

Worin bestanden die Hauptanklagen der englischen Priester? Die Frauen gäben sich als Ordenspersonen aus, wollten aber keine Moniales, Nonnen im herkömmlichen Sinn, sein. Ihr Ziel sei die Bekehrung Englands, wo sie sich priesterliche Aufgaben anmaßten. Sie entzögen anderen englischen Klöstern in den Spanischen Niederlanden Kandidatinnen und erhöben ihr Institut über alle anderen Orden. Sie hielten sich nicht an die kirchlichen Klausurvorschriften. Mit dieser Anklage konnten die Schreiber sicher sein, in Rom ins Schwarze zu treffen. Im Schreiben des Erzpriesters an den Papst wurden die Frauen zum ersten Mal als »Jesuitinnen« bezeichnet. Damit kein Zweifel bleibe, um wen es gehe, wurde die Gründerin mit Namen genannt, »Maria Warda«. Die Ausführungen verraten den eigentlichen Grund, der hinter den Anklagen stand: die Ablehnung der Jesuiten durch den englischen Weltklerus. Die Priester waren überzeugt, die Gesellschaft Jesu zu treffen, wenn es ihnen gelänge, Maria Wards Unternehmen zum Erliegen zu bringen.

Die gegnerischen Schriften verfehlten ihre Wirkung in Rom nicht. Warum erwies sich die Präsenz der Gründerin und ihrer Gefährtinnen, denen niemand einen Makel im Tun und Leben nachweisen konnte, nicht stärker als diese Beschwerden? In Rom schürte der Agent des englischen Weltklerus die Glut weiter und nützte seine Beziehungen zu der nicht gerade jesuitenfreundlichen Kurie gegen die Gesellschaft Jesu und Maria Wards Institut. Die Gegner glaubten ja nicht, daß der Jesuitenorden sich vor der neuen Gemeinschaft zurückhielt. Vom Agenten gingen Schreiben nach London, Douai, Paris, in denen das Wirken der Gründerin und ihrer Gefährtinnen feindselig dargestellt und lächerlich gemacht wurde. Der englische Agent berichtete als einer der ersten, daß Maria Ward keine Approbation erhalten werde. Ende März 1622 schrieb er schon, der römische Hof sei empört über das Ansinnen der Frauen;

sie beeinträchtigten auch in Rom den Ruf der Engländerinnen. Im Mai hieß es, Maria Ward und ihre Gefährtinnen hätten bereits im März eine Absage von der Kongregation der Bischöfe und Regularen erhalten, aber dennoch bei einer Audienz um die Freiheit von der Klausur für die Länder nördlich der Alpen und um Einblick in die eingelaufenen Anklagen gebeten. Der Papst habe ihnen ausweichend geantwortet. Ihr Unternehmen sei lächerlich. Sie erhielten heimliche Hilfe von den Jesuiten.

Maria Ward fehlten kraftvolle, mutige Verteidiger, die Staub und Spreu von der Tenne hätten fortfegen können. Die ungeklärten Gerüchte richteten auf die Dauer so großen Schaden an, gerade weil ihre Angelegenheit mit der Abneigung gegen die Jesuiten vermengt und in dieser Mischung hochgespielt wurde. Die Einbeziehung des Jesuitenordens in den Kampf gegen Maria Wards Institut macht dann auch die konsequente Zurückhaltung des Jesuitengenerals verständlich, der Ruf und Wirksamkeit der Gesellschaft Jesu zu schützen hatte. Daß Marias Anliegen mit dem unseligen Priesterstreit verflochten war, bestärkte die Zurückhaltung der Kurie. Anfängliche Hoffnungen auf Bestätigung versiegten, wenn auch Maria Ward die Lage noch nicht voll durchschaute und weiterhin auf eine gute Lösung hoffte. Befangen in ihrer Zuversicht, verstanden die Engländerinnen weder den Stil der Kurie noch die tatsächlichen Probleme, vor die sie die Kardinäle durch ihre Bitte gestellt hatten.

Teresa von Avila ging es eine Zeitlang ähnlich wie Maria Ward. In ihrer Vita ist zu lesen: »Man redete, lachte, bezeichnete das Ganze als Unsinn... Das alles sei nur unsinniger Weiberkram, und das Gerede über mich nahm zu« (übersetzt von E. Lorenz). Für Teresa hellte sich letztlich der Horizont auf, für Maria Ward wurde er immer düsterer.

Die Gründungen in Italien

Maria war die Zeit immer kostbar. Sie sah, daß es in Rom an Mädchenschulen fehlte. Daher erbat sie und erhielt dann auch die Erlaubnis, in Rom Haus und Schule zu eröffnen. Die Kardinäle sollten ihr Vorhaben in die Tat umgesetzt sehen. Die erste Tagesschule für einfache und ärmere Mädchen in Rom wurde in dem Mietshaus eingerichtet, in das die Gefährtinnen 1622 eingezogen waren, in Corte Savella, heute Via Monserrato. Zur Schule der Englischen Fräulein kamen täglich etwa 120 Mädchen. Gute Beziehungen entfalteten sich zwischen den fremden Lehrerinnen und den Römerinnen. Unterricht und Erziehung sollten die Mädchen befähigen, später auf würdige Weise ihren Lebensunterhalt zu verdienen. Es gab damals sehr viele Dirnen in Rom. An die Infantin Isabella schrieb Maria Ward am 25. Februar 1623 über die neue Schule: »Täglich kommen ungefähr 120 junge und ältere Mädchen, verschieden nach Stand und Alter. Wegen des Winters und weil die Mädchen wenig auf die Straße kommen, besonders die größeren, wundert man sich gerade in Rom, wie sie in unsere Schule eilen. Die Mütter begleiten ihre älteren Töchter, die nicht allein auf der Straße sein dürfen. Sie holen dieselben am Ende des Unterrichts wieder ab. Auch angesehenere Leute hier wollen ihre Kinder zum

Unterricht und zur Erziehung in unser Haus bringen. Dies haben die hiesigen Klöster längst befürchtet. Es kann sein, daß sie sich zur Wehr setzen. Aber Gott wird die verteidigen, die nicht nach Gütern streben, nicht sich selbst suchen, sondern guten Willen haben und sich für die größere Ehre Gottes in allem einsetzen.«

Als Maria die Zeilen schrieb, hatte sie ein herber Verlust getroffen. Am 25. Januar 1623 starb ihre Schwester Barbara. Alle Gefährtinnen lagen im Juni 1622 krank darnieder. Barbara, die erste Oberin des römischen Hauses, konnte sich nicht mehr erholen. Trotzdem ging Maria auf ihren nächsten Plan zu, eine Gründung in Neapel. Was sie zur Eröffnung einer Niederlassung im südlichen Italien bewegte, wer sie einlud, ist nicht bekannt. In Rom hemmte das Klima des Mißtrauens jede weitere Entfaltung. Die Gründerin suchte wohl nach Stützpunkten und nach starken Helfern. Am 12. Mai 1623 ging Maria nach Neapel. Zunächst fehlte alles: Hausrat, Einrichtung, Geld, Bekanntenkreis, Ortskenntnis. Die Gründung in Neapel begann in größter Armut. Aber sie glückte. Die Schule wurde Ende September in zwei Abteilungen eröffnet. Bald folgten Pensionat und Noviziat. Die Gefährtinnen in Neapel konnten den armen Mitgliedern in Rom zwischen Dezember 1623 und Dezember 1625 neunmal Geld senden. Maria schrieb: »Wir Römerinnen sind bei Euch in Schulden. Es scheint, daß es Gott gefällt, Euch dafür zu erfreuen.« Schule und Haus in Neapel bestanden bis 1630.

In Perugia gab es vielversprechende Voraussetzungen. Der Bischof und adelige Damen wollten eine Schule der Engländerinnen in ihrer Stadt haben. Maria schob

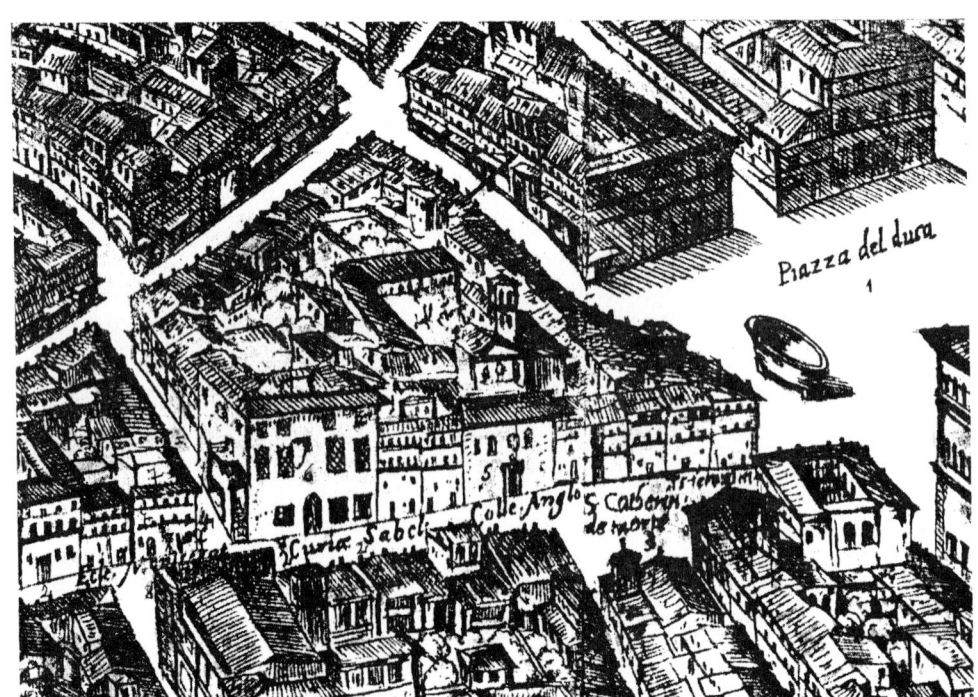

Ort der ersten Schule der Engl. Fräulein in Rom, nach einem Plan von 1606

den Beginn hinaus. Sie war krank und voller Sorge um ihre Gefährtinnen in Lüttich von denen sie schlechte Nachrichten erhielt. Aber am 18. Januar 1624 begann sie ihre Reise nach Perugia. Am Morgen dieses Tages schrieb sie, sie habe 20 Meilen, also 30 km für den Tag vor sich. Sie war für die etwa 180 km sechs Tage unterwegs. Kälte und eisige Winde machten die Reise beschwerlich. So rosig wie es ihr angekündigt worden war, sah es auch in Perugia nicht aus. Das Haus war noch nicht beziehbar. Daß dann der gütige Bischof Napoleone Comitoli schon am 30. August starb, war ein Signal für das Werk Marias in Perugia. Denn der Nachfolger Kardinal Torres, der schon im September 1624 von der römischen Kurie kam, erwies sich als Gegner der Englischen Fräulein. Das Haus in Perugia bedurfte keiner Auflösung. Mit dem Ausscheiden der Oberin aus dem Institut erlosch die Gründung von selbst.

Das »Jubeljahr« 1625

Als Gregor XV. starb, weilte Maria in Neapel. Im August 1623 wurde Maffeo Barberini gewählt, Papst Urban VIII. Maria bemühte sich um eine Audienz. Aber im ersten Pontifikatsjahr war es selbst für Kardinäle nicht leicht, den neuen Papst zu erreichen. Eine erste offizielle Information Urbans über Marias Institut kam wohl wieder von den Weltpriestern, denen die Ausbreitung des Werkes in Italien mißfiel. Die Anklagen waren die gleichen wie 1622; jetzt wurden auch Lösungsversuche eingeschoben: Aufhebung des Instituts oder Umwandlung in ein Klausurkloster, jedenfalls Verbot der Mission in England. Der neue englische Klerusagent, wie sein Vorgänger Widersacher der Jesuiten, brachte die Angelegenheit in die Propagandakongregtion, die sich eifrig mit den unkontrollierten Beschwerden befaßte. Ob Maria Ward erfuhr, daß diese Kongregation über ihre Sache verhandelte, konnte bisher nicht geklärt werden.

Maria dürfte zwischen dem 18. und 26. Oktober 1624 zu Urban VIII. gekommen sein, als er sich zur Heilung einer Erkältung als Gast des Kardinals Borghese in der Villa Mondragone bei Tuscolo aufhielt. Wieder bat sie um die Bestätigung und überreichte ihre Bittschrift. Aus ihren Worten vernahm der Papst sicher die aufrichtige Überzeugung von ihrer Sendung. Er sagte ihr, er habe schon von ihr und ihren Gefährtinnen gehört. Nach seiner Rückkehr nach Rom wolle er sich über den Stand der Verhandlungen erkundigen. Maria bat kühn, ihre Angelegenheit durch eine Kardinalskommission prüfen zu lassen, und beklagte das Unverständnis mancher Kardinäle wie die langdauernden Verhandlungen. Sie war beeindruckt von der Freundlichkeit des Papstes. Dennoch war ihr schwer ums Herz, wie aus ihrem Brief an Winefrid Wigmore in Neapel hervorgeht: »Der Kummer und die lange Einsamkeit, von der Du mich schon reden hörtest, sind nicht fern. Aber wenn es auch so ist, wird doch der glückliche Erfolg dann kommen... Bete für mich und das Werk... Jesus sei mit Dir. Aber für das Geld, das Du sandtest [meinen Dank]. Wir hier waren arm.«

Maria wartete wieder auf eine Antwort der Kurie. Das Jahr 1625 brachte sie. Der Papst setzte vier Kardinäle zur Prüfung des Gesuches der Engländerinnen ein. Die

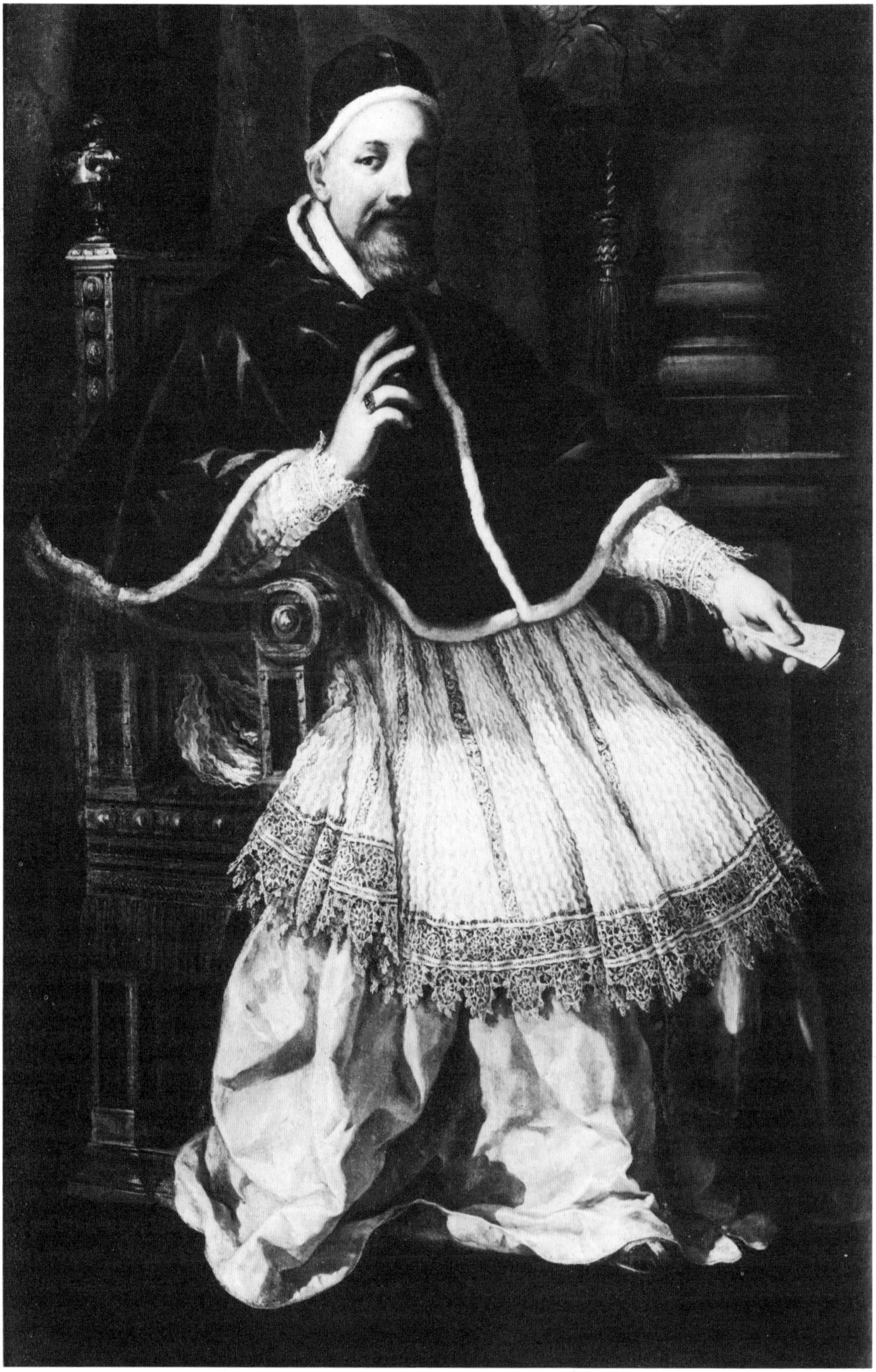

Eminenzen, von der Notwendigkeit der Klausur für die weiblichen Orden überzeugt, sahen nicht, wo im kirchlichen Raum Hilfsdienste von Frauen angebracht sein könnten. Nach der herkömmlichen Meinung würde eine Veränderung der Klausurbestimmungen Verwirrung in die Kirche bringen. Dennoch hätten die Prälaten Marias Institut nach Einführung einer bescheidenen Form von Klausur wahrscheinlich befürwortet. Sie schlugen eine solche vor. Maria aber lehnte die Klausur in jeder Form ab.

Wieder erhielt Maria schlimme Nachrichten von den nördlichen Häusern. Die Lage in Lüttich muß trostlos gewesen sein. Doch die Gründerin blieb auf ihrem Posten. Wie sie die ersten Monate des Jahres 1625 durchstand, spiegelte sich in ihren Briefen an Winefried Wigmore. Sie hatte die Kardinäle besucht; man setzte ihr zu, von ihrem Vorhaben abzulassen. Anfangs Februar berichtete sie, es habe den Anschein, daß die Eminenzen dem Institut das Schlimmste antun wollten. Maria dachte wohl an eine Aufhebung der Häuser. Am 6. April schrieb Maria an Winefrid: »Seit Montag in der Karwoche setzte es zwischen den guten Kardinälen und uns so heiße Auseinandersetzungen ab, daß man in Jahrhunderten, wenn überhaupt je einmal, nicht dergleichen sehen wird, zumal in Dingen, wo es nur darum geht, Gott zu dienen und zu suchen. Wie es auch gehen mag, der Gewinn wird schließlich auf unserer Seite sein. Es tut mir leid, Dir aus Mangel an Zeit und Gesundheit nichts Näheres mitteilen zu können...«

Marias Briefstil ist von einer ursprünglichen Frische, wenn sie an die Gefährtinnen schrieb. Was sie zu sagen hatte, kam ohne stilistische Hemmungen aufs Papier. Auch achtete sie nicht besonders auf den Zusammenhang der Mitteilungen. Immer enthielten ihre Schreiben eine Ermutigung. Sie selbst verlor auch nie die Hoffnung auf einen glücklichen Ausgang ihrer Angelegenheit. Aus ihren Schreiben merkt man, daß sie eine praktische Frau war, auf das Leben ausgerichtet.

Die Kardinäle kamen schließlich zu einem Ergebnis ihrer Verhandlungen, zur Aufhebung der italienischen Niederlassungen. Am 11. April ließ der Papst die Anordnung dem Erzbischof von Neapel übersenden. Der Beschluß wurde mit dem Fehlen der Klausur begründet. Die gleiche Mitteilung galt auch für die Niederlassungen in Rom und Perugia. Ob Maria Ward eine offizielle Mitteilung erhielt, ist nicht ausfindig zu machen. Jedenfalls wußte sie am 19. April noch nichts von der Anordnung, da sie an jenem Tag vom Wunsch nach einer Stiftung für das Haus in Neapel sprach. Die Niederlassung und Schule in Neapel bestanden vorläufig weiter, da die Stadt nicht zu Italien, sondern zu Spanien gehörte. Das Haus von Perugia löste sich ohnehin von selbst auf. Die Schließung der römischen Schule und Niederlassung war ein harter Schlag, auch für die Eltern und ihre Töchter. Der Zug der Mütter, heutige Demonstrationen vorausnehmend, zum Palast des Kardinalvikars und zur Schwägerin des Papstes, Donna Costanza Barberini, richtete nichts aus. Maria unterwarf sich und beruhigte die Mütter.

Bis Ende des Jahres wurden die Englischen Fräulein noch in ihrem Haus geduldet. Dann verbot der Kardinalvikar Millini unter Strafandrohung auch das gemeinschaft-

Pietro da Cortona, Papst Urban VIII.

liche Leben. Die Gefährtinnen mußten das von dem Sienesen Pontius gemietete Haus verlassen. Die Bitte des Hausbesitzers wurde mit Drohungen abgewiesen. Im Brief des Kardinals Bandini an den Erzbischof von Neapel hieß es sogar, die Frauen seien im Fall einer Weigerung in ein Kloster einzusperren. Die Englischen Fräulein zogen um, in die Nähe der Kirche Santa Maria dei Monti. Am Ende des Jubeljahres schrieb Maria nach Neapel: »Unsere Gegner sind äußerst rührig gewesen und haben sich nicht wenig bemüht, uns in dieser heiligen Zeit sehr zuzusetzen.«

Wie verkraftete Maria ihre schwere Lage? Die bitteren Monate wurden für sie zu einer Gnadenzeit. Sie benützte jede freie Stunde zum Gebet und suchte die Kirchen auf, in denen das Vierzigstündige Gebet gehalten wurde. Die erste Biographie und fünf Tafeln des Gemalten Lebens lassen verstehen, wo die tapfere Frau Kraft und Zuversicht schöpfte.

In der Kirche San Girolamo della Carità breitete sie ihr Leid vor Gott aus. Sie verstand, daß sie sich nicht dagegen auflehnen oder erregen, sondern es annehmen und gerne ertragen solle.

In einer anderen Gebetsstunde wurde ihr klar, daß der Ordensstand nicht von zeitlicher Sicherheit und von Machtpositionen lebt, sondern daß die Gottverbundenheit, der freie Zugang der Mitglieder zu Gott, seine Stärke ausmacht.

Ihr inneres Erlebnis am 26. Juni 1625 in der schönen kleinen Kirche der römischen Goldschmiede Sant'Eligio betraf die Feindesliebe. Maria war eine feinfühlige Frau, die von all dem, was vor sich ging, empfindlich getroffen wurde: sie litt durch Gegner, die ihr aus ungerechtfertigt erscheinenden Gründen widerstanden, durch Freunde, die sich abkehrten, durch Verleumder, die unwahre Gerüchte in Umlauf setzten, durch Spötter, die sie lächerlich machten. Während des Gebetes erkannte sie, daß Gott Verzeihung und Liebe verlangt. Sie litt, aber sie lehnte keinen Gegner ab, wieviel Übung diese innere Geduld auch kostete: sie verzieh in Wahrheit und auf Dauer. Sie überstand ihr schweres Jubeljahr; denn sie wandte sich und hielt sich an Gott.

Die Reise nach München

Gedemütigt, aber aufrecht ging Maria in das neue Jahr 1626. Sie sah ein, daß in nächster Zukunft keine positive Antwort zu erwarten sei. Sie blieb zunächst in der Ewigen Stadt und besuchte auch ihr Haus in Neapel. Dann reifte ein neuer Plan heran. Man muß diese Engländerin kennen, um ihre Beharrlichkeit richtig zu deuten. Das Ausmaß der unheilvollen Verkettung von Gegnerschaften, die sie eingekreist hielten, durchschaute sie ebensowenig wie die Schwierigkeit, die ihr Gesuch an der Kurie heraufbeschworen hatte. Sicher sah sie zu diesem Zeitpunkt den Fortbestand ihres Werkes bedrohter denn je zuvor. Sie wollte nun zu den bedrängten Gefährtinnen der nördlichen Häuser gehen, die fünf Jahre lang ihre Gegenwart entbehrt hatten. Mit der Reise beabsichtigte sie, Besuche beim bayerischen Kurfürsten Maximilian I. in München und Kaiser Ferdinand II. in Wien zu verbinden. Sie dachte wohl an Gründungen in diesen Städten.

Weihnacht in Feldkirch

Reise nach München

Bevor sie Rom verließ, betete sie in der Kirche San Marco für ihr Institut. »Könnt ihr den Kelch trinken, den ich trinken werde?« Als sie die Frage des Herrn an seine Jünger erwog, sah sie sich auf Widerwärtigkeiten, Verfolgungen zugehen. Und sie erklärte sich bereit, in Frieden und Liebe anzunehmen, was über sie kommen werde. Mit Mary Poyntz, Elizabeth Cotton und Anne Turner machte sie sich am 10. September 1626, acht Tage vor der feierlichen Weihe von St. Peter, auf den Weg. Keine andere Reise läßt sich so genau verfolgen wie ihre Route von Rom nach München. In Florenz besuchte Maria die Großherzoginnen, die für sie das berühmte Bild der Annunziata öffnen ließen und sie mit Empfehlungen versahen. In Parma machte sie der Herzogin Margarita Farnese ihre Aufwartung und begegnete den dortigen Ursulinen, einer Gründung des Fürstenhauses Farnese, die eine Schule hatten, aber sich nicht zur Klausur verpflichteten.

In Castiglione delle Stiviere traf sich Maria mit den »Jungfrauen von Jesus«, deren Gemeinschaft, von drei Nichten des heiligen Aloysius von Gonzaga gegründet, ohne Klausur nach den Regeln des heiligen Ignatius lebte. Die Gründerin der Englischen Fräulein muß sich gedacht haben: So etwas gibt es also doch in der Kirche, und dazu in Italien. Aber sie wird auch den Unterschied zu ihrer großangelegten Gründung festgestellt haben. In Mailand galt ihr Besuch dem Kardinal Federigo Borromeo und seinen Frauenklöstern. Am 15. Dezember 1626 verließ sie Mailand, ging über Como und Graubünden, über den Splügenpaß nach Feldkirch, wo sie am 24. Dezember 1626 eintraf. Nach dem Fest ging ihre Reise nach Innsbruck. Dann besuchte Maria das Damenstift in Hall, eine Gründung der drei Töchter Kaiser Ferdinands I. Die Stiftsdamen wollten sich auch auf keine Klausur einlassen, um die Führung durch die Patres der Gesellschaft Jesu nicht zu verlieren.

Von Hall fuhren die Englischen Fräulein mit dem Segelschiff auf dem Inn bis Rosenheim oder Wasserburg. Sie erreichten etwa am 7. Januar 1627 die bayerische Residenzstadt.

Offenbar hatte Maria die Besuche in Parma, Castiglione, Mailand und Hall zur Orientierung über andere junge Gemeinschaften eingeschaltet. Die Begegnungen müssen sie auf ihrem eigenen Weg gestärkt haben, zumal die Lage in den von der Reformation heimgesuchten Ländern für sie immer ein Argument blieb, das ihr Gesuch in Rom rechtfertigte.

Drei Gründungen nördlich der Alpen

Maria und ihre Gefährtinnen wurden bald nach ihrer Ankunft in der Residenzstadt vom Kurfürsten und seiner Gemahlin Elisabeth Renata empfangen. Es muß eine Überraschung für die Engländerin gewesen sein, daß die Fürsten sie nicht weiterziehen ließen, sondern die Eröffnung einer Schule in München erwarteten. Bis das ihnen zugedachte Haus hergerichtet war, wohnten die Frauen auf Kosten des Fürsten im Gasthof Ylmperger im Tal (heute Tal 14). Im März konnten die Frauen in das ihnen zur Verfügung gestellte Paradeiserhaus an der Weinstraße neben der sogenannten Gruftkirche der Andechser Benediktiner einziehen. Der Kurfürst bezahlte die Handwerker, die Rechnungen für den Hausrat, eine Glocke von 71 Pfund. Er

ließ die für die Schule nötigen Mitglieder in Köln abholen. Für den Unterhalt von zehn »Müettern und Schwestern di Jesu« gewährte er jährlich 2000 Gulden, »solange es Seiner Kurfürstlichen Durchlaucht gefällig sein werde«.
Aus dem Brief Marias vom 16. Februar 1627 an die Provinzialin Barbara Babthorpe geht hervor, wie sehr sie unter dem Mangel an Mitgliedern litt, als dieses Werk hinzukam: »Möge der gute Gott doch taugliche Personen zur Ausbreitung seines Werkes finden. Der Gedanke betrübt mich, wie nur wenige Jahre für die Unsrigen zum Wirken bleiben. Die Betrübnis wächst, wenn ich bedenke, wie viel es in der kurzen Zeit zu tun gibt und wie wenige sich zur Teilnahme an dem Werk finden. Bete für mich um eine volle Gleichförmigkeit mit dem Willen Gottes. Geschieht dann was immer, es wird mir stets willkommen sein.«
Bald nach dem 27. April eröffnete Maria die Schule in zwei Abteilungen, die einfache Tagesschule mit den Elementarfächern und den Unterricht in Fremdsprachen, Musik und feiner Handarbeit für die »Kostfräulein«, wie die Pensionärinnen hießen. Sie setzte Winefrid Bedingfield, eine außergewöhnlich tüchtige Frau, als Schulpräfektin ein. Das Lob der Gründerin vom 16. Juli 1627 von Wien aus zeigt, daß die Schule nach so kurzer Zeit schon Erfolge aufweisen konnte: »Die Zeilen schreibe ich vor allem, um Dir wegen des unerwarteten Fortschritts Deiner Lateinschulen zu gratulieren. Du kannst Dir kaum vorstellen, welche Freude ich an den Aufgaben der zwei begabten Mädchen hatte... Alle, die genügend befähigt sind, solltest Du dazu [zum Lateinunterricht] einladen. Und was diejenigen anbelangt, die bei uns eintreten wollen, ist nichts höher anzuschlagen als die Kenntnis der lateinischen Sprache. Die lateinische Schrift, in der Maria Mich. ihre Aufgabe schrieb, wird von den hiesigen Patres sehr gelobt, obwohl ich glaube, daß sie in der Folge noch Besseres leisten kann. Ich fürchte, diese schlauen Mädchen lassen sich von jemand zuhause helfen. Aber Du wirst schon darauf achtgeben... Grüße mir alle Deine Schülerinnen.«
In München wurde bald ein Noviziat eröffnet. Anna Rerlin, die am 27. Mai 1627 als erste Deutsche um Aufnahme bat, gründete und leitete später das »Armemädgenhaus« in dem arme, verwaiste Kinder ein Heim fanden und eine solide Erziehung erhielten.
Maria atmete auf in der guten Atmosphäre. Sicher kam es auch in München zu Konflikten, die jedoch in ihrer Tragweite nicht mit den früher erlebten zu vergleichen waren.
Im Juni reiste Maria von München über Passau und Linz nach Wien. Empfehlungen des kurfürstlichen Hauses in München bereiteten den Weg. Mühelos eröffnete Maria auch in Wien eine Schule. Dem Kaiser verdankte sie das Haus »Stoß am Himmel«, nahe der Kirche St. Maria am Gestade. Kaiser und Kaiserin sorgten für den Unterhalt der Mitglieder durch eine jährliche Unterstützung von 1000 Gulden. Wien hatte eine katholische Schule nötig. Nur ein Drittel der Bewohner war dem alten Glauben treu geblieben.
Der Unterricht begann im Herbst. Das Lehrprogramm wies die wichtigsten Elementarfächer auf: Religionslehre, Lesen, Schreiben, Handarbeit; wenn die Eltern es wünschten, war auch Gelegenheit geboten zum Erlernen der lateinischen Sprache.

Die Schule war gut besucht. Der Wiener Kardinal Klesl berichtete im September 1628 von 465 Schülerinnen.

Die Gemeinschaft zählte elf Gefährtinnen, drei Engländerinnen und acht Deutsche, die in München eingetreten waren, unter ihnen vier Novizinnen. Das Durchschnittsalter ergab 24 Jahre. Die jüngste Schwester war 17, die älteste 39 Jahre alt. Fünf konnten für den Unterricht eingesetzt werden. Begreiflich, daß Maria hier wieder den Mangel an geeigneten, reifen und entsprechend ausgebildeten Mitgliedern bedauerte.

Auch in Wien schien alles einen guten Verlauf zu nehmen. Doch hatten die Frauen keine Erlaubnis zur Eröffnung der Niederlassung und Schule bei der bischöflichen Kurie eingeholt. Der Kaiser hatte wie der Kurfürst in München für alles gesorgt. So waren sie sich keines Versäumnisses bewußt. Als Reaktion gab es im November 1627 eine Überraschung, eine bischöfliche Visitation. Nach der Ordensregel befragt, kam die Antwort, sie hätten dasselbe Institut wie die Patres der Gesellschaft Jesu, soweit dies für Frauen möglich sei. Die Visitation verlief in freundlicher Form, ließ aber manchen Schatten zurück.

Kardinal Klesl war nach zehnjähriger Abwesenheit im Januar 1628 wieder in sein Bistum zurückgekehrt. Sicher hatte er schon in Rom von Marias Vorhaben gehört. Er beklagte sich bei Kardinal Bandini über die Eigenmächtigkeit der Frauen, die seine Kurie übergangen hätten und nicht dem Bischof, sondern ihrer Generaloberin unterstehen wollten. Auch hätten sie schon mit ihren Schülerinnen eine Komödie aufgeführt. Die Generaloberin sei nach Ungarn gereist, sie wolle ihren Orden überall einführen.

Trotz des Mangels an Mitgliedern nahm Maria die Einladung zu einer Gründung in Preßburg an. Gräfin Maria von Pálffy, geborene Fugger zu Kirchberg und Weißenhorn, hatte beim Erzbischof von Gran, Peter Pázmány, um eine Schule der Englischen Fräulein gebeten. Dieser fragte wegen der Gründung beim Wiener Nuntius Carafa an und erhielt als Antwort, das Institut sei kein bestätigter Orden, die Mitglieder aber führten ein vorbildliches Leben; so möge der Erzbischof nach seiner Klugheit entscheiden, ob sie dem Heil der Menschen dienen könnten. Pázmány bestand den Kampf mit dem paritätischen Stadtrat. Die protestantischen Ratsherrn überwachten streng jeden Zuzug von Katholiken.

Mitte März 1628 kam Maria in die Krönungsstadt der ungarischen Könige. Sie brachte die Gefährtinnen mit, die in Preßburg ihren Dienst beginnen sollten: Barbara Babthorpe als Rektorin, zwei Lehrerinnen, eine deutscher und eine italienischer Abstammung, eine deutsche Schwester für die Pforte. Eine weltliche Dienerin hatte für die Küche zu sorgen. Die ihnen vom Erzbischof angewiesene Wohnung lag in der Nähe des Donaustadttors von Preßburg.

Der Unterricht nahm seinen Anfang. Glaubensunterweisung und Einübung in das christliche Leben bildeten die Grundanliegen. Die Preßburger Mädchen wurden wie in den anderen Schulen in den Elementarfächern unterrichtet und auf Wunsch der Eltern auch in Latein. Sie sollten zugleich auf die spätere Haushaltsführung vorberei-

Kaiser Ferdinand II.

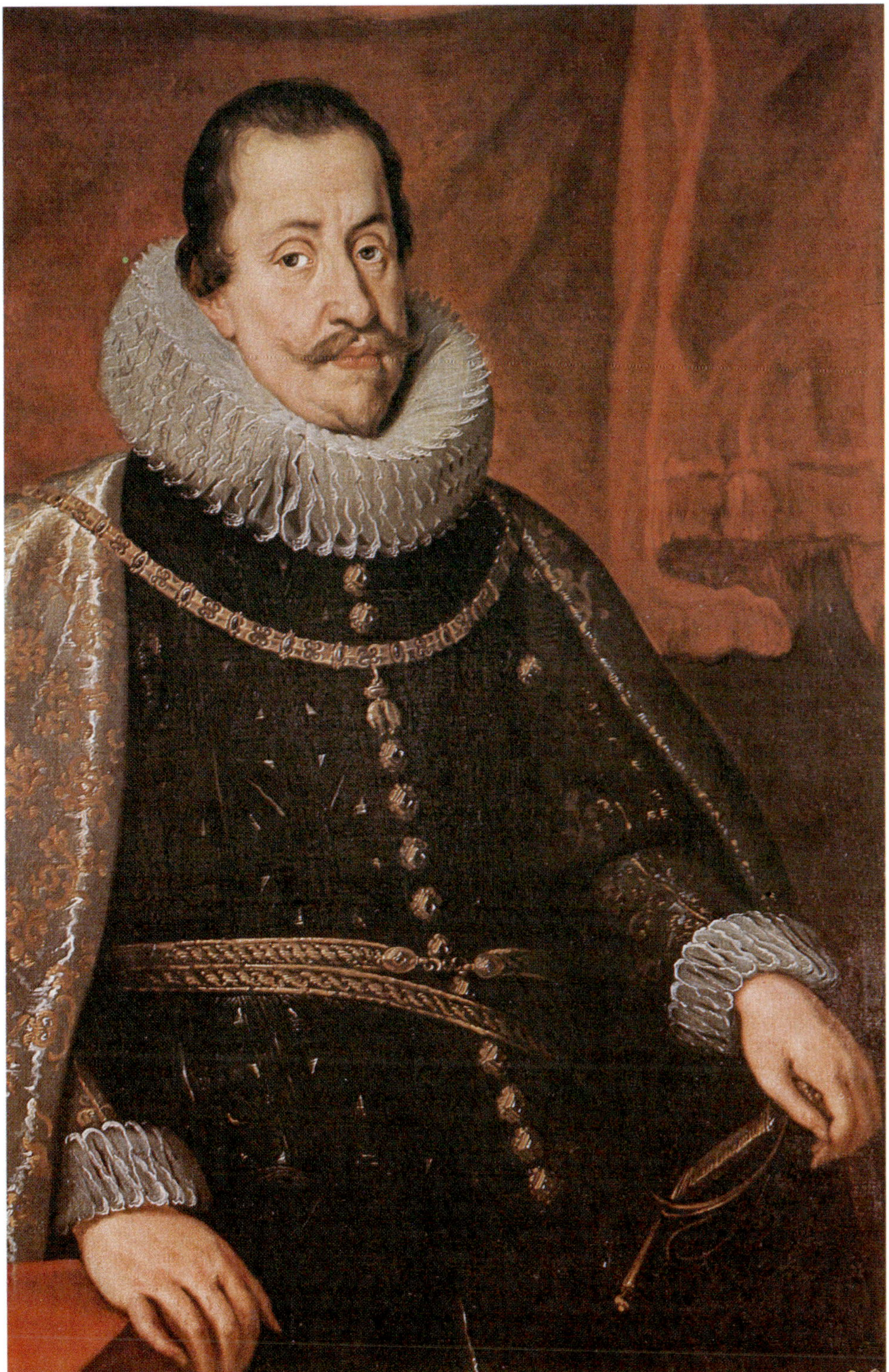

tet werden; darum stand die Bereitung von Arzneien und Heiltränken ebenfalls im Unterrichtsplan.

Die Rektorin schrieb nach einigen Monaten ihrer Generaloberin, die Zahl der Schülerinnen sei schwer zu bestimmen; die armen Kinder müßten in den Weinbergen arbeiten, die reichen kämen, wenn es ihnen passe; doch hätte sie viele Schülerinnen. Auch ein Internat konnte eröffnet werden.

Als schon 1629 Gefahr für den Fortbestand der kaum begonnenen Unterrichtsstätte aufzog, schrieb der Erzbischof und spätere Kardinal Pázmány zugunsten der Englischen Fräulein einen Brief an seinen römischen Agenten. Er lobte die Tätigkeit, deren Segen sich bereits nach der kurzen Zeit feststellen lasse; vielleicht bestehe in Italien keine Notwendigkeit für ein solches Institut, wie dies in Ungarn der Fall sei, wo die Protestanten Mädchenschulen führten. In dem Brief ist weiter zu lesen: »Wenn diese Mütter sich mit jenem Eifer für die Heranbildung der jungen Mädchen einsetzen, den die Patres der Gesellschaft Jesu für die Erziehung der Jungen aufbringen, wird man bald wunderbare Fortschritte in der Welt wahrnehmen. Ich wage zu sagen, daß die gute Zucht der Mädchen fast wichtiger ist als die der Jungen für die Erneuerung der Welt. Wir erhalten ja alle von den Müttern die ersten Grundzüge der zukünftigen Lebensführung; der Duft, der dem Geist im zarten Alter eingeflößt wird, bleibt für immer«.

Der Brief fand in Rom keine besondere Beachtung. Auch Maximilian von Bayern legte im Januar 1629 ein gutes Wort für die Englischen Fräulein beim Kardinalstaatssekretär Barberini ein, lobte ihr tadelloses Leben und betonte die Notwendigkeit ihres Wirkens für die Mädchen. Auch diese Anerkennung wurde überhört. Die Hoffnungen Maria Wards auf eine Hilfe von Fürsten und hohen Persönlichkeiten erwiesen sich als trügerisch. Die deutschen Herrscher konnten bei dem frankophilen Urban VIII. nichts ausrichten.

Maria Wards Haus in Preßburg

»Ich flehte unsern Herrn um die Gnade an, daß ich die Bürde tragen könne«

Die große Einsamkeit
1628–1631

Die Prager Krise

Die Klagen Klesls über die »eigenmächtigen Jesuitinnen« waren schon in Rom eingelaufen, als Maria im April von Preßburg nach Prag ging. Böhmische Adelige hatten sie eingeladen. Der Kaiser begünstigte die Gründung. Denn die Verwirrung im Glauben wirkte sich in Prag stärker aus als in Wien und Preßburg. Nach drei geglückten Gründungen fühlte sich Maria unter den mächtigen Protektoren sicher. Aber sie traf in Prag unter ungünstigen Sternen ein. Mißstimmungen bestanden zwischen dem jungen Kardinalerzbischof und dem Kaiser wegen der Prager Universität Carolina, die der Kaiser ganz den Jesuiten überlassen hatte.

Der Kaiser bestellte zwei Adelige, die die Prager Gründung der Englischen Fräulein fördern sollten: Graf Michael Adolf von Althan und Jaroslaus Bovita de Martiniz. Graf Althan hatte schon im Oktober 1627 die Engländerin zu einer Gründung in Prag eingeladen und eine Stiftung für 30 Personen in Aussicht gestellt. Die kaiserlichen Freunde dachten für die Gründung an eine leerstehende Pfründe, eine Filialkirche der Teynpfarre mit Haus und jährlicher Rente von 300 Talern.

Die Adeligen verhandelten mit Kardinal Harrach, dessen engster Berater der talentierte Kapuziner Valeriano Magni war, ein scharfer Jesuitengegner. Harrach sprach mit dem Nuntius Carafa. Beide lehnten die Eröffnung eines Hauses in Prag ab, da das Institut keine Bestätigung habe. Maria begriff nicht: Haus und Kirche standen leer, sie wollte Gutes tun, der Kaiser war auf ihrer Seite. Sie zog sich nicht ohne weiteres zurück. Aber nur unter sicheren Bedingungen wollte sie beginnen, sonst lieber auf ein Prager Haus verzichten. Sie ahnte nicht, wie stark hier ihr Werk als von den Jesuiten abhängig gesehen wurde, und merkte kaum, wie isoliert sie war. Ende Mai kam der außerordentliche Nuntius Pallotta nach Prag. Rasch informiert, sandte auch er wie sein Amtskollege Carafa einen Bericht nach Rom. Milder sprach sich Carafa aus, schärfer der erst eingetroffene Pallotta. Maria Ward habe versucht, auf Harrach Druck auszuüben, da sie sich auf den Kaiser stütze. Sie nenne sich Generaloberin der Gesellschaft Jesu und benütze einen Stempel mit dieser Umschrift; die Frauen aber stünden doch gar nicht unter der Jurisdiktion der Jesuiten. Er fügte bei, sie wollten sich überhaupt keiner kirchlichen Autorität unterwerfen, was bei dem »schwachen und zum Irrtum neigenden Geschlecht gefährlich« sei.

Unheil zog herauf. Man darf nicht vergessen, daß Maria Ward in Rom seit Jahren die Bestätigung eines Ordens erbat, der allerdings in einigen Punkten das überschritt, was die damaligen Päpste verantworten zu können glaubten. Da die Kurie die Angelegenheit nun in den mächtigen Händen der katholischen Fürsten sah, glaubte sie, der weiteren Ausbreitung Einhalt gebieten zu müssen. Die unheilvolle Verkettung von an sich harmlosen Umständen in Prag führte zur Aufhebung des Instituts.

Die zweite Romreise

Nachrichten von der geglückten Ausbreitung des Instituts nördlich der Alpen, die Beschwerden Kardinal Klesls, die Berichte der Nuntien lösten in Rom einen Sturm gegen die »Jesuitinnen« aus. In der Propagandakongregation wurde unter dem Vorsitz des Papstes am 7. Juli 1628 die Aufhebung der Niederlassungen beschlossen. Maria erhielt keine persönliche Mitteilung. Ein Mißständekatalog von 20 Punkten wurde mit Hilfe der negativen Nachrichten seit 1622 zusammengestellt und als Instruktion mit dem Dekret den Nuntien in Wien, Köln, Brüssel und Neapel zugesandt. Es war eine neue schmähliche Diffamierung der Gründerin. Sie erfuhr wohl nie den Inhalt der römischen Schreiben, bekam aber deren Auswirkungen zu spüren.

Inneres des Veitsdomes in Prag

Wir wissen wenig darüber, wie sie die schwere Zeit überstanden hat. Im September 1628 hatte sie eine Audienz bei Nuntius Pallotta in Wien. Der Diplomat verstand es, das Gespräch auf seinen Wunsch hin zu lenken, indem er ihr zu einer Reise nach Rom riet, damit sie dort nochmals wegen der Bestätigung verhandle. Maria Ward faßte den Rat Pallottas offensichtlich als günstige Aussicht auf. Ihr Institut konnte doch nicht verboten sein, wenn sie sich in Rom wieder um die Bestätigung bemühen sollte. Sie kehrte nach München zurück und kam Ende Oktober nochmals nach Wien. Offenbar fiel auch bei diesem Besuch kein Wort über die beschlossene Aufhebung, sondern nur über eine Prüfung, die in Rom stattfinden sollte.

Nach der zweimaligen Unterredung mit Maria Ward berichtete der Nuntius dem Kardinalstaatssekretär Barberini, die Generaloberin sei zur Romreise bereit; sie unterwerfe ihr Institut den Anordnungen, dem Urteil und Willen des Heiligen Vaters. Sie wolle nach Rom gehen, »um dort über die Konfirmation und Approbation ihres Instituts zu verhandeln«.

Am 2. Januar 1629 verließ Maria Ward München. Winefrid Wigmore, Elizabeth Cotton und Anne Turner sowie zwei Diener machten sich mit ihr auf den Weg. Der Kurfürst hatte Maria bis Innsbruck eine Sänfte zur Verfügung gestellt, die Erzherzogin Claudia erwies ihr den gleichen Dienst bis Trient. Ihr Gemahl, Erzherzog Leopold V., versorgte Maria mit einem Gesundheitspaß, da es bereits erste Anzeichen der Pest gab. Die Reisenden hatten diesmal einen Wagen mit vier Pferden von München mitgenommen, in den auch Maria Ward in Trient einstieg, von wo die Reise am 14. Januar über Mantua und Loreto fortgesetzt wurde. Die kranke Frau litt unter der Kälte und den Strapazen. Man fragte sie, ob sie lebendig nach Rom zu kommen glaube. Sie antwortete nüchtern, es habe den Anschein, sie sterbe zuvor; doch bereite ihr dies keine Sorge, wenn sie nur von Gott treu erfunden werde; sie wisse, daß sie einem guten Meister diene. Später gestand sie, daß sie gerne einige Male um die Letzte Ölung gebeten hätte; doch habe sie geschwiegen, um die Gefährtinnen nicht zu erschrecken. Am 10. Februar 1629 war das Ziel erreicht. Die Mühsal der Reise hatte Marias Kräfte erschöpft. Sie mußte drei Wochen das Bett hüten.

Die römischen Ereignisse

Beobachter in Rom verhießen dem Werk nur mehr eine kurze Lebensdauer. Sie hatten schon früher geglaubt, das Institut werde sich von selbst auflösen. Maria Ward ging in Rom wieder ins Tagesgespräch ein. Sie wußte, daß keine Zeit zu verlieren war, und arbeitete in ihren kranken Tagen an einer langen Bittschrift, die sie am 25. März Urban VIII. übersandte.

Sie legte die Gründungsgeschichte dar, ging ausführlich auf den Prager Versuch ein, nannte Gegner und Schwierigkeiten beim Namen und brachte auch vor, daß sich die Nuntien und Kardinal Klesl in Rom über sie beschwert hätten. Auf Grund genauer Informationen wisse sie, daß deswegen der Papst den Entschluß gefaßt habe, das Kolleg in Neapel aufzulösen. Die gedemütigte Frau sprach offen aus, was sie zutiefst verletzte, die Verleumdungen und falschen Anklagen, die ihr und ihren Gefährtinnen die Ehre nähmen. Ohne Scheu legte sie dem Papst die konkreten Folgen einer Aufhebung dar. Als Grund ihres Kommens nach Rom gab sie offen an, sie wolle dem Papst aufs neue ihre Bitte vortragen. Man möge ihre Sache prüfen, sie und ihre Gefährtinnen aber nicht der Ehrlosigkeit preisgeben. Sie wagte die Frage, ob denn die Gegner recht behalten dürften, die sie als Schande der heiligen Kirche gebrandmarkt hätten.

Maria Ward sah in den unkontrollierten Anklagen den Grund für die Maßnahmen gegen das Institut. Sie war sicher, daß eine gerechte Prüfung der Beschwerden zu ihren Gunsten enden werde. Sie wußte, daß es nun um die Entscheidung ging. Mit ganzer Kraft suchte sie die Katastrophe aufzuhalten wie einer, der einstürzende Mauern noch zu halten sucht.

Maria wurde wieder von Urban VIII. empfangen, diesmal in Castelgandolfo. Der Papst behandelte seine Besucherin mit Güte. Er hatte von den Gründungen im Norden und dem Ansehen gehört, das sie bei den katholischen Fürsten gewonnen hatte. Er sagte ihr wohl kein einwandfrei verständliches Wort über den Propagandabeschluß vom Juli 1628, das die Gründerin und ihre Begleiterin über den wahren Stand ihrer Dinge aufgeklärt hätte. Daß Urban VIII. aber davon kein Wort sagte, ist ebenfalls ausgeschlossen. Andeutungen in der diplomatischen Sprache des römischen Hofes verstanden die Ausländerinnen nicht. Maria schätzte den Wert der Audienz nach den freundlichen und liebenswürdigen Worten ein, die beim Gespräch fielen.

Die Gründerin wurde vor vier Kardinäle geladen. Die Vita gibt auch die Namen an. Maria sah darin eine Chance, daß sie eine Dreiviertelstunde vor dem hohem Gremium ihr Anliegen darlegen konnte. Sie suchte nachzuweisen, daß ihre Gründung den kirchlichen Gesetzen nicht widerspreche: auch andere Frauen hätten dasselbe getan, was sie und ihre Gefährtinnen nun in Gemeinschaft tun wollten. Sie verstehe, daß die Kirche nicht leichthin eine Neuerung gutheiße, und achte deren Vorsicht und Wachsamkeit. Was nicht in einem Jahr möglich sei, könne später geschehen; sie sei bereit, auf Gottes Stunde zu warten. Sie sprach von den zehn leidvollen Jahren, in denen sie nach dem Willen Gottes gesucht habe. Verglichen mit jenen Bedrängnissen erscheine ihr das gegenwärtige Leid, auch ihre Krankheit als gering. Von Gott treu erfunden zu werden, sei ihr einziger Ehrgeiz. Sie sei bereit, von ihrem Werk abzustehen, wenn der Papst und die Kardinäle es wünschten. Ihnen stehe es zu, über ihre Person zu verfügen, wie es ihnen gut scheine; ihre Angelegenheit sei mehr die der Eminenzen als die eigene, da es um die Sache Gottes gehe.

Die Vita berichtet auch von der Zufriedenheit der Kardinäle. Es scheint, daß Maria zu einem Verhör berufen war, das in vornehmer Form ohne demütigende oder entmutigende Worte verlief. Daß ihr Werk verloren war, sahen die Englischen Fräulein immer noch nicht.

Notsignale

Das wohlwollende Schreiben des ungarischen Primas Peter Pázmány vom Juli 1629 an seinen römischen Agenten hatte keine Wirkung, wohl aber die dritte Welle alter

Ehemalige Gruftkirche, Wilprechtsturm, Paradeiserhaus

Anklagen vonseiten des englischen Weltklerus. Die zweite Welle war nach der Wahl des neuen Papstes Urbans VIII. 1624 eingelaufen. Von Jesuitenhaß getrieben, arbeitete in Brüssel der italienische Leibarzt der Infantin, Andreas Trevigi, 130 Punkte gegen Jesuiten und Jesuitinnen aus und sandte sein wirres Schreiben an die Propaganda. Dort wurden die Papiere zwar sorgfältig bearbeitet, aber nicht nachgeprüft.

Von Neapel, Wien und Saint-Omer erreichten Maria Nachrichten über die bedrohte Existenz der Niederlassungen. In Neapel wurde 1629 der Abbruch der segensreichen Unterrichts- und Erziehungstätigkeit der Englischen Fräulein, den der Kardinal verfügt hatte, tief bedauert. Mitglieder des städtischen Gremiums der »Eletti« richteten ein Bittschreiben an den Kardinalstaatssekretär. Ein vorläufiges Zugeständnis wurde erreicht, als vornehme Damen beim Kardinal vorsprachen. Der Unterricht wurde wieder fortgesetzt.

In Wien nahm das Ordinariat im Oktober 1629 eine zweite Visitation vor. Offenbar verzögerte Kardinal Klesl aus Rücksicht auf den Kaiser die Schließung des Wiener Hauses. Aber dann war das Ende der Niederlassung nicht mehr aufzuhalten. Als Grund wurde das Fehlen der Bestätigung des Instituts angegeben. Der Ordinarius hob die Gemeinschaft auf, erlaubte aber die Fortführung der Lehr- und Erziehungstätigkeit.

Die Nachricht von der Schließung ihres ersten Hauses in St.-Omer erreichte Maria wohl in Frühjahr 1630 in Rom. Die Frauen hatten sich unterworfen und hielten sich an die Weisungen des Ordinarius. Ihr öffentliches Oratorium wurde geschlossen, der Altar demoliert, das Läuten der Glocke verboten. In bescheidenem Rahmen blieb die Gemeinschaft bestehen. Die örtlichen Behörden brachten den heimatlosen Frauen einiges Verständnis entgegen. Die Aufhebung in St.-Omer muß Maria

Unterschriften von Winefrid Wigmore und Mary Poyntz

außerordentlich getroffen haben, erfuhr sie doch, wie ihr schien, in Rom immer noch Zeichen des Wohlwollens. Ein entscheidendes Wort hatte sie bisher nicht gehört, zumindest nicht verstanden.

Unter dem Druck der eingelaufenen Nachrichten und in der Überzeugung vom Fortgang der Verhandlungen an der Kurie schrieb Maria Ward am 6. April 1630 an die Gefährtinnen im Norden. Seit Jahren hatte sie die Hetze von Gegnern erlebt. Die ihr unverständlichen Vorgänge hatten Nachwirkungen in ihr, so daß sie leicht aktuelle Geschehnisse mit der Tätigkeit von Feinden in Zusammenhang brachte. In dem Schreiben warnte Maria vor einreißender Mutlosigkeit und erklärte, ihrer Auffassung entsprechend, die Unrechtmäßigkeit der Aufhebungen, die von Gegnern in Szene gesetzt seien. Sie schrieb, »die Anweisung sei ohne Kenntnis Seiner Heiligkeit zustandegekommen«. Ihre Auffassungen waren objektiv falsch. In ihrer Denkweise bedeutete der Brief aber keine Ausflucht aus einer trostlosen Lage. Denn sie glaubte immer noch, ihre Sache sei nicht endgültig verabschiedet. Sicher rechnete sie kaum mehr mit einer günstigen Zusage, aber doch mit einer stillschweigenden Duldung.

Marias Brief gelangte am 10. Mai 1630 zu den Lütticher Gefährtinnen, zehn Tage nach der von bischöflicher Autorität vollzogenen Aufhebung. Die Gefährtinnen waren ratlos. Sie zogen ihren Beichtvater ins Vertrauen. Der Brief kam darauf zum Nuntius und durch ihn in lateinischer Übersetzung an die Propagandakongregation. Als Antwort ließ der Papst dem Nuntius mitteilen, die Aufhebung sei ernst gemeint, man solle das Originalschreiben beibringen. Offenbar war dies nicht möglich, da jemand durch die Weitergabe des Briefes die erforderliche Diskretion schwer verletzt hatte.

Was bewirkte der Brief in Rom? Nach den Auffassungen der Prälaten an der Kurie galt das Schreiben als Beweis für die hartnäckige Gesinnung der Gründerin, die sich der Kirche nicht beugen wollte. Offenbar riet man der Generaloberin in Rom zur Rückkehr nach dem Norden. Eine offizielle Mitteilung, daß ihre Bitte um Bestätigung abgeschlagen sei, erging immer noch nicht an sie. Sie merkte aber selbst, daß eine längere Anwesenheit am Stand der Dinge nichts ändern werde. Das bedeutete für eine Maria Ward, die auf Wartezeiten eingeschult war, noch keinen negativen Bescheid. Selbst wenn sie gehört haben sollte, ihre Bitte sei zurückgewiesen, rechnete sie immer noch nicht mit einem Aufhebungsbefehl durch den Papst. Spätestens Ende April verließ Maria Rom. Die Rückreise war von Armut gezeichnet. Aber äußere Not und Entbehrung schreckten sie nicht. Obwohl sie selbst Mangel litt, versagte sie keinem Bettler das Almosen. Im Teilen und Hingeben alles dessen, was sie hatte, fand sie sich in der Vorsehung Gottes geborgen.

Schon im Januar 1630 war die Pest in Mantua ausgebrochen und verbreitete sich über Norditalien. Darum wählte Maria den Umweg über Venedig. Im Juni war sie in München. Im Paradeiserhaus fand sie die Mitteilungen über die Aufhebungen in Köln und Lüttich vor. Kurfürst Ferdinand, Bischof von Lüttich, hatte das Institut in Lüttich nach dem Willen des Papstes wegen fehlender Bestätigung für aufgehoben erklärt; alle klösterlichen Gebräuche, die gemeinsame Tracht, das Läuten der Glocke, die gemeinsame Begräbnisstätte, die Annahme frommer Stiftungen, die Benützung des Oratoriums waren verboten. Die elf Frauen hatten sich unterworfen und auf ihre Bitte hin einen Aufschub von 40 Tagen erhalten. In Köln war das gleiche geschehen. Dort aber wandten sich die Englischen Fräulein persönlich an den Erzbischof um Hilfe. Er erreichte beim Nuntius eine Milderung. Die Frauen machten gegenüber ihrem Oberhirten geltend, daß der Papst über ihre Lage besser zu informieren sei.

Auf Grund der Nachrichten wählte Maria einen ganz ungewohnten Weg. Sie entsandte Winefrid Wigmore als Visitatorin. Wigmores bloßes Erscheinen in Lüttich brachte Unruhe in die heimgesuchte kleine Schar der Gefährtinnen. Der vierzigtägige Aufschub war längst verstrichen. Aber die Frauen durften, vor allem wegen der Schuldenlast, die auf dem Haus lag, weiterhin gemeinsam wohnen. Wigmore stellte sich als Visitatorin vor. Da kam es zu bestürzenden Ereignissen. Die bisherige Oberin und die Ministerin verließen heimlich das Haus und wandten sich an den in Lüttich weilenden Nuntius, der dann Winefrid Wigmore entgegentrat, die die bereits vollzogene Aufhebung rückgängig zu machen suchte. Sie blieb bei ihrem Auftrag und widerstand dem päpstlichen Gesandten. Das erschien nicht nur ihm, sondern nach Übersendung der Akten des Verhörs auch der römischen Kurie als flagranter Ungehorsam und offene Rebellion der Generaloberin.

Trotz allem, was über Maria hereinbrach, konnte sie ruhig bleiben. Ihre Ausgeglichenheit war erstaunlich. Sie war sich keiner Schuld bewußt, ahnte aber, daß Schlimmes auf sie zukomme. Nach Gebet, Überlegung und Beratung mit den Gefährtinnen raffte sie sich nochmals zu einem Hilferuf an Urban VIII. auf. In ihrem Schreiben an den Papst vom 28. November 1630 erklärte sie, daß sie ihr Werk nicht auf den Rat eines Menschen hin unternommen habe, sondern »auf Weisung und ausdrücklichen Auftrag dessen hin, der nicht täuschen und nicht getäuscht werden kann«. Damit aber beabsichtigte sie nicht, ihre Erleuchtungen der Kirche oder ihre innere Überzeugung dem Urteil des Papstes vorzuziehen. »Wenn Eure Heiligkeit mir befiehlt, von dieser Lebensweise abzulassen, werde ich bereit sein zu gehorchen.« Offenbar hatte Maria bei den Begegnungen in Rom Vertrauen zum Papst gefaßt, wie auch dem Brief zu entnehmen ist.

Maria Ward in Gefangenschaft

Wer in dem bewegten Pilgerleben nach einem Höhepunkt Ausschau hält, wird ihn im Jahr 1631 finden, als die tapfere Frau die tiefste Schmach ihres Lebens durchlitt. Die Propagandakongregation versicherte im Dezember 1630 dem Kölner Nuntius, er könne mit der Einkerkerung der Generaloberin und ihrer Visitatorin rechnen. Am 7. Februar 1631 war es so weit. Der Dekan der Münchener Frauenkirche, Jakob Golla, Italiener aus dem Nonstal bei Trient, Generalvisitator der bayerischen Klöster, ein strenger Vertreter der kirchlichen Reform, kam mit zwei Kanonikern ins Paradeiserhaus. Wegen Marias Kränklichkeit wurde er in ihr Zimmer geführt. Die Oberin des Hauses Mary Poyntz und Marias Sekretärin Elizabeth Cotton blieben zugegen. Golla verlas sein Schreiben. Grund der Gefangennahme war die Anklage auf Ungehorsam und Rebellion gegen die heilige Kirche und Verdacht auf Häresie. Maria brachte vor, sie könne diese Behandlung mit dem Verhalten des Papstes, wie sie es erfahren habe, nicht vereinbaren, und fragte, ob Seine Heiligkeit das Institut aufheben oder weiter dulden werde. Darauf antwortete Golla nicht. Maria mußte ihre Schriften ausliefern. Sie dankte dem Dekan für die Mühe, die er mit ihr habe, entschuldigte sich wegen der Unannehmlichkeiten, die ihretwegen entstanden. Der Kurfürst war schon nach dem Eintreffen des Befehls benachrichtigt worden. Auch die Äbtissin des Klarissenklosters am Anger war im Bild; denn sie sollte die angebliche Ketzerin in ihr Haus aufnehmen und hinter Schloß und Riegel hüten. Maria kniete zu kurzem Gebet nieder, ging mit den Herren zur Pforte und stieg in den bereitstehenden Wagen. Wegen ihres leidenden Zustandes durfte sie eine Pflegerin bei sich haben, ihre Gefährtin Anne Turner. Die Schwestern des Paradeiserhauses erhielten die Erlaubnis, Maria mit Nahrung, Kleidung und Wäsche zu versorgen.

Die Gefangene wurde im Angerkloster von der Außenwelt abgeschlossen. Jeder schriftliche und mündliche Verkehr war untersagt, auch der Empfang der Sakramente und zunächst auch die Anwesenheit bei der hl. Messe. Die Zelle ihrer Gefangenschaft gehörte zum Krankentrakt der Klarissen. Es war ein düsterer Raum mit winzigen Fenstern.

Als Galileo Galilei, häretischer Ansichten verdächtig, in Rom vom 12. April bis 10. Mai 1633 gefangen gehalten wurde, stand ihm eine Wohnung mit fünf Zimmern im Inquisitionspalast zur Verfügung. Nach dem abschließenden Urteil mußte er abschwören, was für Maria Ward nie nötig war.

Maria war sich keiner Schuld bewußt. Der Gegenseite aber erschien ihre Schuld durch den Brief vom April und die Sendung der Visitatorin als nahezu erwiesen, doch fehlte noch das Urteil.

Von keinem Lebensabschnitt sind so viele Briefe erhalten wie von den neun Wochen

der Gefangenschaft im Angerkloster. Von der Korrespondenz, die aus dem Paradeiserhaus kam, blieb nichts erhalten, da die Gefangene keinen Brief aufbewahren durfte. Denn jede Verbindung mit der Außenwelt war verboten. Doch durfte Maria Ward zweimal täglich ihre Mahlzeiten von den Schwestern des Paradeiserhauses empfangen und das Körbchen wieder zurücksenden. Das war der Weg für die geheime Korrespondenz. Wie es in englischen Gefängnissen üblich war, schrieb Maria mit Zitronensaft auf das Einwickelpapier und empfing auf diese Weise auch die Nachrichten ihrer Gefährtinnen. Die Schrift wurde lesbar, wenn das Papier in die Nähe des Feuers gehalten wurde. Daß sie sich mit aller Unbefangenheit über den Befehl hinwegsetzte, empfand sie nicht als Verfehlung gegen die Auflage der Inquisition. Im Bewußtsein, Unrecht zu leiden, sah sie sich genötigt, für das Überleben in ihrer schrecklichen Lage und für das Wohl ihrer Gefährtinnen das Möglichste zu tun. Sie wie ihre Schwestern bedurften des gegenseitigen Trostes. Trotz ihrer seelischen Tragfähigkeit war Maria in manchen Stunden überfordert.
Manchmal hatte sie Angst, die geheime Korrespondenz werde entdeckt, da die Körbchen oft kontrolliert wurden. Mit Anne Turner mußte sie die Zeit abwarten, bis sie Feuer im Ofen hatten und die Nonnen beim Chorgebet waren, um vor unliebsamen Überraschungen sicher zu sein.
Maria Wards Briefe aus dem Angerkloster bieten Einblick in die bewunderungswürdige Haltung dieser einsamen Frau. Sie liefern auch aufs neue einen Beweis für ihren

Das Angerkloster. Marias Zelle soll in dem sich der Kirche anschließenden Bau gewesen sein.

Gehorsam gegen die Kirche. Noch in dieser Lage wartete sie auf ein Wort des Papstes. Die Behandlung, die sie erfuhr, blieb ihr unverständlich. Die Entwürfe für Briefe an den Papst und die Kardinäle der Inquisition enthalten einen klaren, aber vornehmen Protest gegen die Einkerkerung wegen Häresieverdacht und Ungehorsam, auch gegen die unwürdige Weise ihrer Haft, die für sie zur Lebensgefahr wurde. Manche Stellen in den Briefen lassen spüren, wie tief Maria in der trostlosen Verlassenheit des Inquisitionskerkers litt wegen der Flut von Not, die über ihre Gefährtinnen kam. Unfaßbar blieb ihr die Anklage auf Häresie und Auflehnung gegen den Papst. Sie dachte nach, wie es dazu kommen konnte. Ob sie eine Antwort fand, ob sie entdeckte, daß sie selbst durch die Absendung der Visitatorin die Gefangenschaft mitverursacht hatte, geht aus den Briefen nicht hervor. In der engen Zelle wuchs die Sorgenlast gelegentlich zu einer Art Haftangst. Aber sie wußte auch, wo Hilfe zu finden war. Ihre Zuflucht blieb Gott der Herr.

Am 13. Februar schrieb sie:

»...Damit ich nicht vergesse: ich habe wenig oder gar keine Flüssigkeit mehr [Zitronensaft]. Wir können aus Mangel an Feuer nur einmal am Tag lesen, was Ihr schreibt. Eure letzten Briefe kann ich erst heute abend über das Feuer halten... Fürwahr, ich bin wirklich in einem klausurierten Kloster, in einem kleinen Zimmer des ersten Stocks eingesperrt, hart über der Gruft, wo sie ihre Toten begraben und die verstorbenen Heiligen ruhen. Unsere Wohnung war zuvor das Krankenzimmer für jene, die von den Ärzten aufgegeben waren. Wie es scheint, haben wir eine solche verjagt, die jeden Augenblick sterben kann; sie ist schon drei Jahre krank und hat bereits ihre ganze Lunge in das Zimmer gehustet, wo wir bald braten und bald erfrieren... Die zwei kleinen Fenster sind ziemlich vermauert und unsere Türe, mit einer Kette und einem Doppelschloß versehen, öffnet sich nur beim Ein- und Austritt unserer zwei Wärterinnen und der Äbtissin, unserer Oberaufseherin...«

Im Brief vom 14. Februar ist zu lesen:

»...Ich habe heute die Briefe mitsamt der Zitrone erhalten... Schleppt man mich nach Rom, wird es mich nicht umbringen, das darf man sicher glauben. Wer weiß, was Gott mit all dem bezwecken will, sicher wißt Ihr es nicht, und ich weiß es auch nicht. Für mich verlange ich es auch gar nicht zu wissen. Ich will nichts anderes tun, als den Willen Gottes erfüllen. Die Leute hier sind so gut, daß ich sie nie genug loben kann... Seid fröhlich und mißtraut dem guten Meister nicht...«

Vom 16. Februar kam die folgende Nachricht ins Paradeiserhaus:

»Was meine Überführung nach Rom angeht, wird diese vielleicht für uns alle das beste sein, wenn sie wirklich erfolgt; wenn nicht, sehe ich wahrlich auch nicht ein, welchen Vorteil unsere Gegner daraus ziehen können. Denn wenn sie es auf mein Leben abgesehen haben, so können sie mich hier mit weniger Aufsehen ums Leben bringen. Ihr wißt ja, daß wir keine Freunde haben. Aber gleichviel, ob hier oder dort, wenn Gott will, daß ich sterbe, dann möchte ich nicht länger leben, es hieße bloß, die Miete etwas früher bezahlen. Und Gott lieben und für ihn leiden oder sterben und zu ihm gehen, sind beides besondere Gnaden, die ich nicht verdiene. Dennoch hoffe ich, daß eines von beiden mein glückliches Los wird. Indessen werde ich mein Möglichstes tun [um mein Leben zu erhalten]. Ihr beide dürft Euch nicht im geringsten grämen, sondern müßt inständig beten, daß Gott in die Hand nimmt, was nach seinem Willen geschehen soll. Es geschieht nur, was Gott will... Besucht den Dekan und fragt ihn um Rat, was ich tun soll, wo meine Papiere sind, ob wir sie wieder bekommen... vale vale vale. Eine weise Rektorin, die weint! Ich will weder die Rektorin noch Dich nach neun Uhr oder vor sechs Uhr in der Grotte [Kirche] wissen.«

Es gab für Maria Ward keine Flucht vor der Verantwortung, auch kein Ausweichen in eine die Wirklichkeit fliehende Innerlichkeit. Sie nahm das Exponiertsein in ihrer heillos erscheinenden Situation auf sich, entschlossen, das ihr Mögliche zu tun.

Das große Vertrauen

Maria erkrankte lebensgefährlich. Der Arzt legte den Empfang der Sterbesakramente nahe. Dazu war jedoch die Erlaubnis des Dekans nötig. Er kam mit einem Schreiben, das sie unterzeichnen sollte. Bei vollem Bewußtsein las sie die Sätze, konnte aber dafür ihren Namen nicht hergeben. Mary Poyntz berichtet Marias Worte: »Gott verhüte, daß ich, um läßliche Sünden zu tilgen... eine schwere Sünde begehe und den guten Namen so vieler unschuldiger und verdienter Personen belaste! Mein 'wenn' [ich etwas gegen die heilige Kirche gesagt oder getan habe] würde zusammen mit dem, was bereits von meinen Gegnern geschah, die Welt mit Recht glauben lassen, daß ich aus gerechten Gründen leide. Nein, ich will mich in die

Der Markt von München, heute Marienplatz

Barmherzigkeit Gottes werfen und lieber ohne die Sakramente sterben.«
Maria fand die Kraft, ein eigenes Schreiben zu diktieren, in dem sie aufs neue ihre Unschuld beteuerte: »Niemals habe ich etwas, weder Großes noch Unbedeutendes, gegen Seine Heiligkeit... oder die Autorität der heiligen Kirche gesagt oder getan... Und ich möchte auch jetzt nicht für tausend Welten noch um ein gegenwärtiges oder zukünftiges Gut zu gewinnen, das Geringste tun, was sich mit den wahren Pflichten einer treuen Katholikin und einer gehorsamen Tochter der heiligen Kirche nicht vereinbaren ließe. Wenn dennoch das Werk... von denjenigen, denen eine solche Entscheidung zusteht, nachdem sie den wahren Sachverhalt erfahren haben, als in irgend einem Punkt den Pflichten eines wahren Christen und dem Seiner Heiligkeit und der heiligen Kirche schuldigen Gehorsam widersprechend beurteilt wird, so bin ich und werde mit der Gnade Gottes stets bereit sein, meinen Fehler anzuerkennen, wegen der Ärgernisse um Verzeihung zu bitten und außer der öffentlichen Schande, die mir schon angetan wurde, auch mein armseliges und kurzes Leben zur Sühne für die besagte Sünde aufzuopfern.
München, 27. März 1631   Maria della Guardia«

Nach dieser feierlichen Erklärung empfing sie die Sterbesakramente. Auf ihre Bitte hin wurde sie in die Kirche hinabgetragen, um Abschied von den Gefährtinnen zu nehmen. Sie richtete die folgenden Worte an ihre Schwestern: »Habt Mut und vertraut auf Gott.« Sie sei sicher, Gott werde sie nicht sterben lassen, wenn es nicht zu seiner Ehre gereiche. Ob sie lebe oder tot sei, sie dürften keine Bitterkeit gegen die hegen, die das bewirkt hätten; sie sollten ihnen aufrichtig verzeihen und für sie von Herzen beten.
Das Verhalten in den Tagen der Lebensgefahr zeigt aufs neue die innere Größe der Gründerin. Nüchtern und klar überschaute sie ihre Lage. Trotz ihrer Krankheit schätzte sie die Tragweite und die Folgen ihres Tuns und Lassens ab. Auch in den entscheidenden Stunden der Todesnähe wußte sie sich dem Gehorsam gegen den Papst und der Treue in allem verpflichtet, was zur Lehre der Kirche gehörte.
Maria erholte sich wieder. Die Anweisung zu ihrer Befreiung traf im April aus Rom ein. Wahrscheinlich kehrte sie am 14. April ins Paradeiserhaus zurück. Wie mag es ihr zumute gewesen sein, als sie ihre Gefährtinnen wiedersah? Die Reihen hatten sich gelichtet. Auch sie hatte nicht nur heldenhafte Frauen um sich. Gemessen an der Größe des Unglücks darf man sagen, daß dennoch eine treue Schar von Gefährtinnen bei ihr aushielt. Maria litt unter den Trennungen, zerbrach aber nicht an den Enttäuschungen. Sie richtete nun ihre Aufmerksamkeit auf die neue Romreise, eine Verpflichtung, aber auch ihr persönliches Bedürfnis, dem Papst nochmals mündlich zu sagen, was sie ihm bereits schriftlich mitgeteilt hatte, daß sie nie vom Glauben abgewichen sei, daß sie sich nie dem Gehorsam gegen den Heiligen Stuhl habe entziehen wollen.

Die Aufhebungsbulle

Nun kam noch die härteste Prüfung über Maria Ward, die offizielle Aufhebung des Instituts durch eine feierliche päpstliche Bulle. Das Schreiben wie seine Auswirkungen wogen schwerer für sie als die Münchener Gefangenschaft. Schon mancher Orden wurde durch ein feierliches Papstwort aufgehoben. Aber keine Bulle, die für einen solchen Zweck bestimmt war, erreichte den Ton von Strenge und Härte wie die, welche Urban VIII. am 13. Januar 1631 unterzeichnet hatte. Die Aufhebung hätte das Institut getroffen, weil es keine Klausur anzunehmen bereit war. Aber der Wortlaut wäre ohne die Lütticher Ereignisse nicht in dieser Schärfe und Heftigkeit abgefaßt worden. In affektgeladener barocker Sprache wurde die Aufhebung mit einer Fülle von Verben nachdrücklich ausgesprochen.

Warum wurde das Dokument in einer so drastischen Form abgefaßt? Es handelte sich doch, gemessen an der großen Kirche um eine relativ kleine Gruppe von Frauen, die mit einer Bitte nach Rom gekommen waren und ihre Bereitschaft zum Gehorsam erklärt hatten. Sicher wirkten die wiederholt vorgebrachte Bitte und die mangelnde Einsicht in die mit einer Bestätigung verbundenen Schwierigkeiten als Anzeichen gefährlicher Aufsässigkeit auf die Römer. Die Frauen verstanden nicht, daß ihre Ordensgründung den damals herrschenden Vorstellungen vom weiblichen Ordensstand widersprach. Die freundliche Zurückhaltung, der Maria Ward in Rom begegnete, das abwartende Vertrösten und Verzögern einer definitiven Antwort deutete sie nach ihren Vorstellungen. Es war ein tragisches Mißverständnis, daß sie aus den Äußerungen stets nur die verbindlichen Worte verstand und für die diplomatisch-höflichen Winke kein Gehör hatte. Mit der Bulle wollten die Verfasser auch die Protektion der Fürsten für Maria Ward und ihr Werk unterbinden.

Trotz der tragischen Verklammerungen unterwarfen sich die Gefährtinnen und nahmen die Last des päpstlichen Wortes an. Sie ließen von ihrem Institut ab und trugen die Schmach, mit der sie nun gezeichnet waren. Sie litten schmerzlich an der Auflage, da ihnen nach ihrer Meinung Unrecht geschehen war; aber sie fügten sich der Anordnung aus Ehrfurcht vor Papst und Kirche. Daß die tief gedemütigte Gründerin die Bürde durchtrug, ohne an der Kirche und ihrem Oberhaupt irre zu werden, war ihrem starken Glauben und ihrem Vertrauen auf Gott zu danken.

Was bedeutete die Bulle? Auf Jahrhunderte hinaus blieb das Unternehmen der großen Engländerin von dem geprägt, was ihr und ihrem Institut in diesem feierlichen Schriftstück zur Last gelegt wurde. Die Lebenskraft des Anfangs überstand diesen Sturm. Aber auch später wurde das Institut nicht von dem Zwielicht frei, mit dem die Bulle die Person der Gründerin, die Gefährtinnen, das ganze Werk beschattete. Wenn einer von Unglück verfolgt wird, treten die Freunde meist hinter schützende Wände zurück, um sich in Sicherheit zu bringen. Das erlebte Maria Ward in vollem Maß. Hinzu kam, daß die Gegner der Jesuiten ihre Triumphe auskosten konnten.

»Von Gott treu erfunden werden«

Ausharren in Geduld
1632–1645

Die dritte Romreise

Die dritte Romreise wurde Maria Ward vom Glaubensgericht auferlegt. Trotz ihrer schwachen Gesundheit wollte sie auch selbst die Strapaze auf sich nehmen. Von der Aussprache mit dem Papst erhoffte sie sich die Klärung ihrer trostlosen Lage.

Im Spätherbst 1631 machte sich Maria auf den Weg und erreichte wohl gegen Ende November Bologna. Wegen der Pestgefahr bedurfte sie zur Einreise in den Kirchenstaat einer besonderen Genehmigung. Sie mußte lange auf den Gesundheitspaß warten. Dabei war ihr der Termin für ihr Eintreffen in Rom vorgeschrieben.

Bologna selbst war schon schwer von der Pest heimgesucht. Strenge Anordnungen suchten die Verbreitung der Seuche aufzuhalten. Schon ein eigenmächtiges Überschreiten der Grenze konnte mit dem Tode bestraft werden. Was mag der von den Verhältnissen erzwungene Aufenthalt für die Engländerin und ihre beiden Begleiterinnen bedeutet haben! Maria Ward überging die Unannehmlichkeiten mit Schweigen. Sie dürfte erst anfangs März 1632 in Rom eingetroffen sein.

Die Papstaudienz

Bei der Papstaudienz soll sie die Worte gesprochen haben: »Heiliger Vater, ich bin keine Häretikerin und bin nie eine solche gewesen.« Urban VIII. ließ sie nicht weiter sprechen und sagte: »Wir glauben es, wir glauben es, wir brauchen keinen weiteren Beweis. Wir und alle Kardinäle sind nicht nur zufrieden, sondern auch erbaut über Ihr Vorgehen. Nehmen Sie es nicht so ernst, daß Sie so geprüft wurden, wie es geschehen ist; denn so sind auch andere Päpste mit anderen Dienern Gottes verfahren.«

Es fällt schwer, die gütigen Worte des Papstes mit den vorausgegangenen Begebenheiten in eine glaubwürdige Verbindung zu bringen; doch kennen wir nicht das volle Gespräch. Vielleicht gehören solche Überraschungen zur Wesensart von Urban VIII. Auch sonst sind Beispiele bekannt, daß emotionale Einflüsse bei ihm Schwankungen in seinen Entscheidungen bewirkten. Die wandelbare, den Bewegungen des Augenblicks unterworfene Geistesverfassung Urbans VIII. mag der unkomplizierten Engländerin undurchsichtig geblieben sein. Aber sie war dankbar für jede Freundlichkeit und deutete das Wohlwollen nicht bloß für ihre Person, sondern auch für ihre Absichten. So wird verständlich, daß sie, von ihrer Geistesart her, soviel Hoffnung auf die Güte des Papstes setzen konnte. Sie verstand kaum, daß der Papst sich so stark an die Kirchengesetze gebunden fühlte, wenn es um eine in der Kirche notwendige Angelegenheit ging. Die nachtridentinische Verfestigung des Denkens in

Rom blieb ihr unbegreiflich. Der Papst aber sah hier eine Frau vor sich, die ihr Gleichgewicht bewahrt und eine außergewöhnliche Gehorsamsprobe bestanden hatte.

Wenige Monate nach Maria Wards Audienz bei Urban VIII. sprach die Inquisition aus, daß sie und ihre Gefährtinnen vom Verdacht auf Häresie frei seien. In der Kopie des Schreibens im Nymphenburger Institutsarchiv heißt es: »Gegenwärtig leben in dieser Stadt Donna Maria della Guardia und mehrere ihrer englischen Gefährtinnen, die in Demut und geziemender Ehrerbietung gegen den Heiligen Stuhl allen Befehlen des Papstes bei der Aufhebung ihres Instituts bereitwillig Gehorsam leisteten zu höchster Zufriedenheit der Eminenzen. Diese fanden es für gut, daß ich Eure Exzellenz mit diesem Ergebnis bekanntmache, damit Sie die Wahrheit bezeugen können, wenn Sie von übelgesinnten oder unzureichend unterrichteten Personen das Gegenteil hören sollten. Auf Nachfrage können Sie bestätigen, daß das Heilige Tribunal die Englischen Fräulein, die dem Institut der Donna Maria della Guardia angehörten, keines Verstoßes gegen den heiligen und orthodoxen katholischen Glauben schuldig findet noch je schuldig gefunden hat...«

Die Tätigkeit der Gegner

Das Institut war aufgehoben. Aber die Gegner waren des Kampfes nicht müde. Offenbar fürchteten sie auch jetzt noch die ungebrochene Tatkraft dieser unzerstörbaren Frau. Der englische Klerus erwähnte im März 1631 in der Beschwerdeschrift, die der römischen Kurie vorgelegt wurde, wieder die Jesuitinnen; es heißt dort, dieses »Monstrum« sei kaum hinreichend erledigt.

Wenn die Gegner in England und Flandern das Gerücht verbreiteten, Maria Ward dürfe die Stadt des Papstes nicht verlassen, sagten sie Richtiges aus. Die Konfinierung bestand. Priester aus dem Kreis des englischen Weltklerus sorgten, daß die Warnungen vor Maria Ward und ihren Gefährtinnen nicht verstummten.

In einer weiteren Beschwerdeschrift von 1632 sprachen die Priester aufs neue ihre Abneigung gegen die gefährlichen Jesuitinnen aus, die in England nur den Jesuiten die guten Plätze reservierten.

Bescheidene Erfolge

Wenn auch die alten Gegner ihre Einstellung nicht änderten, so hatte der Papst doch die Erlaubnis gegeben, daß die heimatlosen Engländerinnen mit Maria gemeinsam leben durften. Auf kritische Einwände erwiderte Urban VIII., wo denn die Frauen besser wohnen könnten als bei Maria Ward. Auch sind materielle Zuwendungen bekannt, die der Papst den Engländerinnen zukommen ließ. Die Englischen Fräulein standen auf der Liste der Almosenempfänger Urbans VIII. und erhielten Brot und Wein.

Maria Ward konnte in der Ewigen Stadt auch ein Haus erwerben. Im Herbst 1633 dürfte sie es bezogen haben. Es war ein Gebäude in der »Isola incontro la Cappella Paolina« von Santa Maria Maggiore; also gegenüber der Muttergottes-Kapelle Papst Pauls V.

Die Münchener Gefährtinnen durchstanden 1632 die Schrecken des Schwedeneinfalls. Es war eine Frage, ob sie fliehen sollten wie andere Ordensgemeinschaften. Die 59 Klarissen des Angerklosters suchten ihre Zuflucht im Süden. Maria Ward schrieb an Mary Poyntz, sie möge mit den Gefährtinnen nach Hall übersiedeln, falls sie München verlassen müßten. Sie dachte dabei wohl an eine Ausweisung aus dem Paradeiserhaus, da sie von der Schwedengefahr noch keine Kenntnis haben konnte. Als der Kurfürst 1634 den armen Frauen des Paradeiserhauses wieder zu Hilfe kam, nachdem er ihnen schon wiederholt eine Unterstützung »zu ihrem Abzug« hatte zukommen lassen, wurde ihm gemeldet, daß noch sieben oder acht Gefährtinnen in München wohnten. Maximilian war bedacht, die Weisungen des Papstes und der Kirche zu erfüllen. So fragte er bei Winefrid Bedingfield an, ob sie nicht an einem anderen Ort besser zusammenleben könnten. Diese sagte ihm, sie könnten nicht nach Rom ziehen, da dort schon 23 Gefährtinnen seien. Im November 1635 bot Winefrid dem Kurfürsten mutig ihre Dienste zugunsten der Mädchenerziehung an. Am 1. Dezember 1635 gestattete Maximilian I. den wenigen verbliebenen Englischen Jungfrauen, in München wieder Unterricht zu halten, was in der Bulle nicht verboten worden war. Bevor diese glückliche Stunde schlug, hatte Maria Ward in einem Brief ihre Sorge um das Münchener Haus ausgesprochen: »Ich fürchte, das Paradeiserhaus zu verlieren.«

Die Reise nach San Casciano dei Bagni

Wer der Häresie oder eines anderen Deliktes bei der Inquisition angeklagt und verdächtig befunden wurde, durfte den ihm bestimmten Ort nicht verlassen und mußte sich regelmäßig bei einem geistlichen Amt stellen. Auch Maria Ward konnte Rom nicht verlassen, wie ihr im Jahr 1634 deutlich zum Bewußtsein kam. Sicher überwand die tapfere Frau durch ihre Energie und ihre nüchterne Art ihre gesundheitliche Anfälligkeit und ertrug die Schmerzen mit der ihr eigenen Ruhe. Im Juni 1633 machte sie eine Wasserkur gegen ihr Steinleiden in Anticoli, heute Frosinone. Ihr Zustand verschlechterte sich wieder. Anfangs August 1633 schrieb sie an Mary Poyntz: »Ich bin halbtot mit meiner Krankheit, und diese außergewöhnliche Hitze hier ist so stark, daß die verschiedensten Leute in der Stadt behaupten, es sei nie so heiß gewesen. Und dies ist so, da ich so krank und schwach bin und im 49. Lebensjahr stehe, von dem es heißt, es sei das gefährliche Jahr. Aber ich sage dies: ich habe so viele Gefahren und verzweifelte Lagen durchgestanden, so daß das, was alle betrifft, mir nicht zum Nachteil gereichen werde.«

Die Gefährtinnen machten sich Sorge um das Leben dieser Frau, die sie wie eine Mutter liebten. Sie wollte zur Kur nach San Casciano dei Bagni gehen. Der Prälat Alexander Boccabella machte sie aufmerksam, daß sie für die Reise einer Erlaubnis bedürfe. Erstaunt fragte sie: »Bin ich denn eine Gefangene?« Es gehe um ihr Leben und ihre Ehre, doch stelle sie beides dem Papst anheim. Die Worte der kranken Frau bewegten den geistlichen Herrn zu Tränen. Sie durfte den Kurort in Mittelitalien aufsuchen, wurde aber von Inquisitoren überwacht. Sie glaubte, sie habe es mit Feinden zu tun, die beim Papst eine Überwachung ihrer Schritte erreicht hätten. Aber das Vorgehen entsprach den Vorschriften der Inquisition.

Maria kehrte von ihrer Kur nach Rom zurück und erhielt wieder eine Audienz. Sie fragte Urban VIII., was sie noch tun solle, um ihn von ihrer Treue zur Kirche zu überzeugen. Warum die höchsten Güter des Menschen: Leben, Ehre und Freiheit, verleumderischen und bestechlichen Menschen preisgegeben würden. Der Papst ließ sie ausreden und sagte ihr, dies werde nie wieder vorkommen; niemand werde sie bei ihm in Zukunft anschwärzen können. Maria Ward muß in diesen römischen Jahren erfahren haben, wie unheilbar sie in ihrer Ehre getroffen war und mit ihr die Gefährtinnen. Der Schmerz kam in den Worten zum Ausdruck, die sie an den Papst richtete.

Die letzten römischen Jahre

Die Badekur von San Casciano hatte keine nachhaltige Wirkung. Im folgenden Jahr ließen die Gefährtinnen eine Ladung Kurwasser kommen; auch diese Hilfe brachte keinen wesentlichen Erfolg. Maria verlor den Mut nicht. Ab Dezember 1636 ging es schlechter. Seit Januar 1637 konnte sie zweieinhalb Monate das Zimmer nicht mehr verlassen. Die Ärzte rieten zu einem Aufenthalt am Meer. Auch die Linderung durch die Kur in Nettuno war von kurzer Dauer. Ein Fieberanfall brachte sie im Juli 1637 dem Tode nahe. Sie empfing die Sterbesakramente. Urban VIII. sandte seinen Bruder, Kardinal Sant'Onofrio, und seine Schwägerin Donna Constanza zu ihr in die Wohnung. Das Fieber ging zurück, die Nierensteine quälten sie weiter. Völlig unerwartet sprach sie den Wunsch aus, in Spa Erholung zu suchen. Die Gefährtinnen waren zunächst ratlos. Auf deren Bedenken wegen der weiten Reise und wegen des Fehlens der Geldmittel verwies Maria ihre Schwestern auf die Vorsehung Gottes. Maria Ward durfte Rom verlassen. Zwei Gefährtinnen, Winefrid Wigmore und Mary Poyntz erbaten den Segen des Papstes. Aufs neue sprach der Papst anerkennend und besorgt über diese »heilige Dienerin Gottes«, wie Urban VIII. Maria nannte.
Wie sah es in dieser Frau aus, die in Rom soviel erlebt und erlitten hatte? Ihre Briefe geben einige Auskunft. Die rasch hingeschriebenen Zeilen lassen Nüchternheit und Einfachheit erkennen. Ihr englischer »common sense« half ihr, sich in gesunden und kranken Tagen zurechtzufinden. »Geduld ist das Heilmittel, es gibt kein anderes«, schrieb sie am 27. August 1633. Als sie den Zeitverlust wegen der verspätet eintreffenden Post beklagte, schloß sie den gleichen Brief mit dem Wort: »Alles muß getragen werden.« Bezeichnend sind ihre Worte an Winefrid Bedingfield vom Dezember 1634: »Liebe Gott und hilf mir in allem, nicht in allem, was Du kannst, aber könne alles.« Etwas verschlüsselt bringt sie Begrenzung und Überschreitung der Grenzen in das kurze Wort. Mutig vorangehen und sich begrenzen lassen, das hielt sich in Maria im Gleichgewicht. Sie wußte, wie der Alltag mit seinen kleinen und großen Nöten zu bestehen ist. Daß sie aber den schweren Anforderungen ihres Lebens gewachsen blieb, kam aus anderen Tiefen. Durch ihre Gottverbundenheit fand sie sich in jeder Lage zurecht. Schlicht und unaufdringlich kommt ihre tiefe und warme Frömmigkeit in den Briefen zum Vorschein. Ihre Schreiben sind anderer Art

Winefrid Wigmore, Ölgemälde im I.B.M.V. Augsburg

Mary Poyntz, Ölgemälde im I.B.M.V. Hampstead, London

als die geistlichen Briefe im französischen Stil des 17. Jahrhunderts. Aber auch ihre Worte haben heute noch Leuchtkraft.

Das Vertrauen auf Gott gab ihr Halt in unerquicklichen Lagen. Am 15. Januar 1633 schrieb sie an Mary Poyntz in München: »Die Sorge von Fillice [Maria Ward] nimmt kein Ende. Aber sie ist über die Ohren im Vertrauen, daß alles gut werden wird, was ihre Ned [Mary Poyntz] angeht, ja bestens.«

Auch die Gefährtinnen sollten aus dem Vertrauen auf Gott ihre Kraft schöpfen. Im November 1634 schrieb sie an Winefrid Bedingfield in München: »Habe Vertrauen auf Gott und sei mehr denn je dankbar für seine unsichtbare Güte. Gib sehr acht auf Deine Gesundheit. Und sollten alle sterben (ich vertraue auf Gottes Erbarmen, daß niemand mehr sterben wird), suche Du zu leben und bereite Dich dazu, Ihm mit dem Reichtum Deiner Liebe zu dienen.« Zuvor waren zwei Gefährtinnen in München gestorben: Frances Constable 1632 und Helen Marshall 1634. Kennzeichen ihres inneren Lebens in der frühen Zeit war ihre Liebe zum Willen Gottes und die Sorge, den Willen Gottes zu erkennen und zu erfüllen. Dies blieb das geistliche Fundament bis zu ihrem Tod. Was sie traf, beschäftigte, bedrückte, was sie wünschte und verlangte, prüfte sie in aufrichtiger Indifferenz, ob die Sache mit dem Willen Gottes in Einklang stehe. In dem Verlangen, alles Gott anheimzustellen, »alles auf Gott zu beziehen«, wußte sie, daß letzten Endes alles zum Guten gereichen werde. Aus ihrer inneren Haltung kamen auch die kurzen Worte der Ermutigung, die sich jeweils am Schluß ihrer Briefe finden: »Jesus segne und behüte Dich und alle, die bei Dir sind.« »Gute Win, sei achtsam und heiter.«

Der starke Wellengang der römischen Jahre hatte sich nach 1634 beruhigt. Dennoch blieben Bitterkeiten durchzuleiden. Es gab auch einige Erfolge, die nach allem, was geschehen war, viel bedeuteten. Durch ihr beharrliches Bitten war Maria ein bescheidener Lebensraum zugestanden worden, der für die Zukunft Bedeutung hatte. Die Jahre des Wartens und des Leidens, der Ungewißheit und der Krankheit, die zu ihrem römischen Aufenthalt gehörten, waren nicht vergebens.

Zwischen Rom und England

Nach den letzten fünf römischen Jahren ging Maria Ward auf ihre längste, auch mühseligste Reise. Sie machte sich am 10. September 1637 mit Winefrid Wigmore, Mary Poyntz und Anne Turner auf den Weg nach Siena, auf der Via Cassia über La Storta, Viterbo und Montefiascone. Ein Fieberanfall mit Lungenentzündung hielt sie zehn Tage in der umbrischen Stadt fest. Der Erzbischof von Siena, Ascanio Piccolomini, stellte den Reisenden Empfehlungsschreiben an seinen Bruder, den kaiserlichen Feldmarschall Octavio Piccolomini aus. Ascanio erbat für Maria Ward, eine vornehme, in Rom bei Papst und Kardinälen hochangesehene Engländerin, und ihre Begleiterinnen und Diener auf ihrer Reise nach Spa Schutz und Hilfe an allen Orten, die dem Kommando seines Bruders unterstünden.

Am 28. September wanderten die Englischen Fräulein weiter nach Florenz. Nach zwölftägigem Aufenthalt erreichten die Frauen in etwa vier Tagereisen Bologna. Von dort ging es nach Mailand, wo sie mit ihren Gefährtinnen zum dritten- und letztenmal am Grab des heiligen Karl Borromäus betete. Dessen Neffe, der Kardinalerzbischof Federigo Borromeo, der ihr 1626 so freundlich begegnet war, war schon sechs Jahre tot.

Der Weg führte dann in die 150 km entfernte Stadt Vercelli. Der dortige Gouverneur, wohl durch den Nuntius von Turin schon benachrichtigt, ließ die Frauen in seinem Wagen abholen. Maria erwirkte in dieser Stadt die Freilassung eines englischen Gefangenen. In Turin waren die Engländerinnen Gäste des Nuntius Fausto Caffarelli, dem Kardinal Barberini sie empfohlen hatte. Am 9. November verließen die Frauen Turin. In der Karosse des Nuntius fuhren sie bis zum Mont Cenis. Maria wurde über die Paßhöhe getragen. Kälte und Schneestürme erschwerten das Vorankommen. Ein Diener erlitt eine Erfrierung, erlangte aber durch Maria Wards Gebet zur Muttergottes seine Gesundheit wieder. Anfangs Dezember dürften die Frauen in Paris eingetroffen sein. Der leidende Zustand Marias, die Geldnot, das Abwarten für die der Kur in Spa günstige Jahreszeit hielten sie ein halbes Jahr in Paris fest. Die von England erwartete Geldsumme war nicht eingetroffen. Englische Benediktiner halfen aus der Not. Die Mönche liehen den Frauen die nötige Summe zur Begleichung der Schulden für die Reise. In England wurde den Patres das Geld zurückerstattet.

Im Mai 1638 gingen die Frauen von Paris nach Charleville und Dinant und fuhren auf der Maas über Charlemont nach Lüttich. Die Reise war mit vielen Gefahren verbunden, da Soldaten die Gegend unsicher machten. Lüttich selbst war nach dem großen Aufstand von 1637 noch nicht zur Ruhe gekommen. Hier nahm sich Maria liebevoll um eine krebskranke Frau an, die ihr nach Spa folgte.

Nach einer zweiten Wasserkur in Spa führte ihr Weg nach Köln und wohl auch nach Bonn zu ihrem gütigen Wohltäter Erzbischof Ferdinand. Wieder in Lüttich, kündigte sie im November 1638 dem Kardinalstaatssekretär ihre baldige Englandreise an. Barberini hatte sie schon im August der Königin Henriette Maria empfohlen und um gute Aufnahme der Engländerinnen gebeten. Maria aber mußte melden, daß sie in dieser kalten Jahreszeit für die Heimreise noch zu schwach sei, aber bald nach Rom zurückkehren wolle. Im Dezember reiste sie nach Antwerpen, um ihre Schwester Frances, die Karmelitin Teresa de Jesus, zu besuchen. Maria und Frances begegneten einander zum letztenmal. In Lüttich wartete sie auf die Besserung ihres Gesundheitszustandes und eine günstige Witterung für die Überfahrt in die Heimat.

Drei Londoner Jahre

Im Mai 1639 reiste Maria von Lüttich über Saint-Omer und Calais nach London. Nach zwanzig Jahren wieder in der Heimat! Sie besuchte die Königin, die Gemahlin Karls I., um dessen Schicksal sie sich so oft gesorgt hatte.

Auch in England gab es Wolken. Der schottische Priester George Con, päpstlicher Sondergesandter bei der katholischen Königin, schrieb Ende Juli 1639 an Kardinal Barberini, die Königin bringe kein besonderes Veständnis für Maria Ward auf, und diese selbst errege da und dort in England Mißfallen. Die Vita dagegen berichtet das Gegenteil. Einen Monat später schrieb Con, Maria Ward wünsche sehr in Rom zu sein, da sie sich in England noch nicht zurechtfinde. Con zählte nicht zu ihren Gegnern.

Am 14. Februar 1640 schrieb Maria an Urban VIII., sie plane ihre Rückkehr nach Rom für das Frühjahr 1641. In dem Brief sprach sie von einer Gunst, die sie vom Papst erwarte. Hatte sie wieder oder immer noch eine Hoffnung auf eine gewisse Form von Duldung? Auch die Königin Henriette Maria bat im Juni 1640, der Papst möge den Englischen Fräulein seine Gunst nicht entziehen. Von dieser Zeit an lassen sich zwischen Maria Ward und der römischen Kurie keine weiteren Verbindungen mehr feststellen. Ob Briefe abgefangen wurden, ob Schriften verloren gingen oder in Archivbeständen verborgen stecken, bleibt eine offene Frage. Sicher teilte Maria der Inquisition die Nachricht mit, als ihre Rückkehr nach Rom unmöglich wurde.

Untätig zu sein, entsprach Maria Ward auch in ihrem sehr geschwächten Gesundheitszustand nicht. In einem Brief von 1641 tauchte ein für die damalige Londoner Situation geradezu unglaublich klingendes Anliegen auf: »Ich suche durch Gebet und private Unterredungen die Erlaubnis zur Errichtung von Schulen in der großen Stadt London zu erwirken, was jedenfalls nicht ohne ein Wunder geschehen wird. Alles andere aber wird nur wenig nützen, wenn man die undankbare Natur dieses Volkes bedenkt. Es ließe sich vieles sagen, was ich hier nicht schreiben kann; aber wenn das Gesagte sich verwirklichen läßt, müssen einige hierher kommen.«

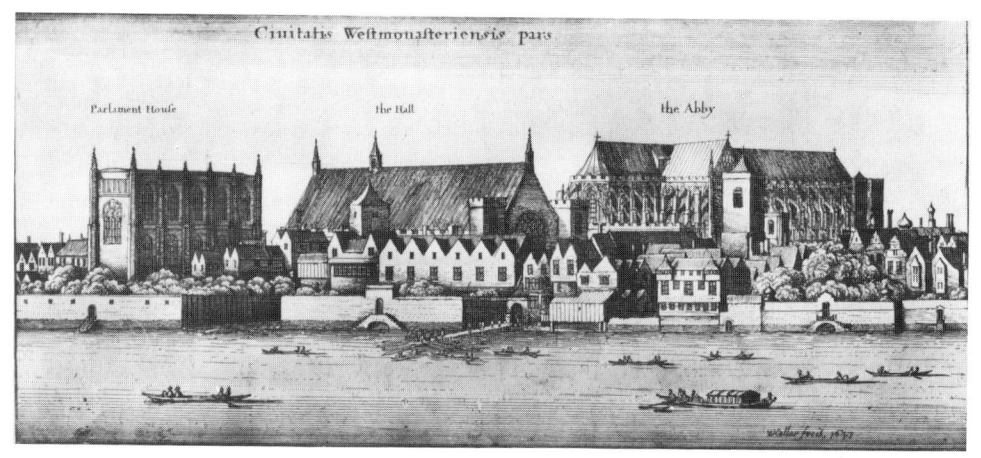

W. Hollar, Blick auf den Londoner Stadtteil Westminster

Eine katholische Schule im damaligen London wäre wirklich ein Wunder gewesen. Die Lage der Katholiken hatte sich nach 1620 vorübergehend beruhigt, verschlechterte sich aber stark in den Jahren 1640 und 1641. So mußte z. B. Carlo Rossetti, der neue päpstliche Sondergesandte bei der Königin, für die Nächte den Palast der Königin-Mutter aufsuchen und schließlich England verlassen, da sein Leben bedroht war. Die Puritaner setzten sich durch. Maria Ward litt unter den verschärften Kontrollen. Ihre Wohnung wurde durchsucht. An eine Rückkehr nach Rom war nicht mehr zu denken. Wie hätte die kranke Frau auf heimlichen Wegen einen Schiffsplatz erlangen können, ohne in die Hände von Häschern zu fallen!

Das Gerede über die Englischen Fräulein und ihr Schicksal verstummte auch in England nicht. Die Meinung kam auf, der Papst habe die Bulle zurückgezogen. Trotz der Zurückhaltung Maria Wards und ihrer Gefährtinnen sahen die Puritaner in ihnen Staatsfeinde. Der Puritaner William Prynne, der produktivste Schreiber des 17. Jahrhunderts, lieferte in seinen Schriften Schlagwörter, die klar machen, daß Maria Ward in London in einem bedrückenden Klima lebte. Auch wenn man Übertreibungen abstreicht, lassen seine Ausführungen erkennen, welcher Verachtung und welchem Spott die Frauen ausgesetzt waren. Wegen wachsender Unsicherheit beschloß Maria die Übersiedlung nach Yorkshire.

Unruhige Zeit in Yorkshire

In London konnte Maria nicht mehr viel ausrichten. Mit fünf Gefährtinnen zog sie nach dem Norden. Sie ahnte nicht, daß Karl I. schon so bald diese königstreue Region verlieren werde. Auch die letzten Lebensjahre Marias wurden zu Wanderjahren, die der englische Bürgerkrieg beschattete. Sie besuchte mit den Ihren die stillen Stätten ihrer Kindheit: Newby, Ripley Castle, das Heim der Familie Ingleby, wo das Andenken an ihren Vater und an sie selbst noch in freundlicher Erinnerung stand. Eine neue Bleibe in dem einsamen Dorf Hutton Rudby in Cleveland fand sie wohl durch die Vermittlung der Familie Ingleby.

Am 14. September 1642 traf Maria in dem kleinen Ort ein, der etwa 54 km nördlich von York, 39 km nordöstlich von Ripon liegt. Ihre Gesundung im Oktober 1642 verdankte sie der Fürbitte der Muttergottes von Mount Grace. Sie selbst pilgerte dann auch zu dieser Stätte des Gebetes.

In die abgelegene Gegend rückten schon bald royalistische und parlamentarische Heere vor. In dieser Kriegsgefahr führte Maria am 18. Januar 1643 die Andacht zu den Engeln ein. Trotz ihrer Liebe zur Einsamkeit vermißte sie in dem entlegenen Ort die regelmäßige Postzustellung. Es lag ihr viel an der Verbindung mit den treuen Gefährtinnen. Als der Krieg näherrückte, schien es geraten zu sein, ein anderes Domizil aufzusuchen. Im ersten Jahresdrittel 1643 zogen die Gefährtinnen dann mit Hab und Gut hinab nach Heworth, damals noch ein Dorf vor York. Ein der Familie Thwing gehöriges Haus nahm sie auf. Das Anwesen befand sich an der heutigen Straße Heworth Hall Drive.

Die Kämpfe näherten sich auch der Stadt York. Mit ihrem Vertrauen auf Gott und seine Engel und Heiligen konnte sie die Furcht aus den Herzen der Gefährtinnen und Hausgenossen vertreiben. Dem Donner der Kanonen stellte sie die Macht des Namens Jesu entgegen. Nochmals mußte sie umsiedeln, diesmal hinter die Stadtmauern Yorks. Durch das einzige noch offene Stadttor passierten die Flüchtlinge im April 1644 die Posten der feindlichen Armee. Es geschah ihnen kein Unheil. Inmitten allgemeiner Bedrängnis bot Maria trotz ihrer Krankheit vielen Menschen Halt und stärkte sie durch ihr großes Gottvertrauen. Ihre Liebenswürdigkeit und Güte gewann alle Herzen. Am 11. Juli 1644 kam es zur Übergabe der königstreuen Stadt York an die parlamentarischen Heere.

Fünf Tage später kehrten die englischen Fräulein in ihr verwüstetes Heim zurück, in dem 300 Soldaten gehaust hatten. Dann begann Maria langsam und schonend ihre Gefährtinnen auf die große Trennung vorzubereiten, die sie ahnte.

Die letzten Tage

Priester konnten nur selten zur heiligen Messe kommen. Vom St. Annatag bis Allerheiligen 1644 entbehrten die Gefährtinnen die Feier der Eucharistie. Dann gab es erst an Weihnachten wieder Gelegenheit für ihr Haus und die katholischen Nachbarn der Umgebung. Auch die letzte Heilige Nacht verbrachte Maria im Gebet, wie sie es früher getan hatte. Als der flüchtige Priester wieder kam, konnte Maria nicht mehr zur Kapelle gehen. Die heilige Ölung, um die die Kranke bat, verschob der Priester für einen späteren Besuch, nicht ahnend, wie nahe Maria der Ewigkeit war. Sie spürte, daß ihr dieser Trost versagt sei.

Durch die Kriegsereignisse hatte sie seit gut zwanzig Monaten keine Nachrichten mehr von ihren Gefährtinnen erhalten. Winefrid Wigmore erklärte sich bereit, die 300 km von York nach London zu gehen, um dort die Post abzuholen. Maria war sicher, daß ihre Win rechtzeitig, zu ihrer Todesstunde, wiederkehren werde. Zum letzten Geburtstag, am 23. Januar 1645, fand sich Winefrid wieder am Bett der kranken Mutter ein.

Zwei Tage später veränderte sich der Zustand der Kranken, die auch noch in ihrer schmerzvollen Erschöpfung voll Rücksicht auf ihre Gefährtinnen war. Als sie am Vortag ihres Todes deren Traurigkeit wahrnahm, sagte sie, sie wolle sie nicht traurig sehen, sie sollten ein Lied singen. Das war Maria Ward: bis zuletzt blieb sie ruhig im Willen Gottes und liebend den Ihren zugetan.

Am Morgen des 30. Januar 1645 standen fünf Gefährtinnen am Sterbebett. Maria konnte ihnen nicht mehr viel sagen; sie empfahl ihnen nur noch, ihrer Berufung treu zu bleiben, diese beharrlich, wirkkräftig und in Liebe zu leben. »Gott wird Euch beistehen und helfen; es kommt nicht darauf an, wer es tut, aber daß es geschieht. Wenn Gott mich an den rechten Platz bringt, will ich Euch dienen«. Mit »Berufung« meinte die Sterbende den Ruf Gottes zu diesem Institut, das sie nun als Ruinenfeld hinterließ. Dann war tiefes Schweigen, bis Maria mit dem dreimaligen Ruf »Jesus« in den großen Frieden Gottes einging.

Ihr Leben war zu Ende. Glich sie in ihrer Tapferkeit nicht den Märtyrern ihrer Zeit? In ihren Jugendjahren hatte sie verstanden, daß für den Glauben alles hingegeben werden müsse: Hab und Gut, Ehre, Freiheit, Leben. War nicht auch ihr alles abgefordert worden? Die Dreiunddreißigjährige hatte geschrieben: »Voranzugehen wie Christus war der Anteil an Gnade, den ich mir wünschte. Darin lag alles Glück, das ich mir für dieses Leben ersehnte«. Die Sehnsucht der frühen Jahre und der Wunsch der reifen Frau gingen in Erfüllung, allerdings anders als sie es sich vorstellen konnte. Das letzte Geheimnis ihres Lebens nahm sie in die Ewigkeit mit. Sie ging hinüber in der Gewißheit, ihr Werk werde zur Stunde Gottes neu erstehen.

Begräbnis und Grab

Für die Katholiken war es nicht leicht, auf einem Friedhof einen Begräbnisstätte zu bekommen. Die Gefährtinnen erhielten dann doch einen Platz, auf dem kleinen Gottesacker von Osbaldwick neben der Kirche St. Thomas. Ein großer Stein aus den heimatlichen Steinbrüchen von Tadcaster (1,83 m lang, 1,06 m breit und 12,7 cm dick), unbehauen auf der Rückseite, wurde auf das Grab gelegt.

Die Inschrift lautete: »Die Armen lieben, in dieser Liebe verharren, mit ihnen leben, sterben und auferstehen, das war alles, was Maria Ward erstrebte, die 60 Jahre und 8 Tage lebte und am 20. Januar 1645 starb.«

Der 20. Januar ist nach dem Julianischen Kalender angegeben, nach dem Gregorianischen war der Sterbetag der 30. Januar.

»Die Armen lieben«: Wer waren die Armen? Es waren die, die der Hilfe und Sorge bedurften und denen Maria gab, was sie hatte. Es waren die Katholiken Englands, denen sie zu dienen suchte. Es waren alle, die der Ermutigung und Stärkung ihres Glaubens bedurften.

Die Gefährtinnen sollten nun dies Erbe weitertragen, mit den Armen leben, sterben und auferstehen. Auch für sie wird es viel Not und Leid geben. Aber das dritte Wort heißt: Auferstehen, Hoffnung haben.

Wo die sterblichen Überreste Maria Wards verblieben, ist unbekannt. Der Grabstein wurde wiederholt versetzt. Im Jahre 1800 war der Stein an der Kirchenmauer aufgerichtet. Bei der letzten Restauration baten die Englischen Fräulein des Bar Convents York, daß er ihnen überlassen werde. Die Anglikanische Kirchenverwaltung wollte aber auf den denkwürdigen Stein und auch auf das Andenken an diese große Frau nicht verzichten und stellte ihn im Innern der Kirche St. Thomas auf. Der Gedenkstein bleibt gerade an dieser Stätte Zeuge der großen Sehnsucht Maria Wards, daß ihre Heimat wieder zur Einheit der Kirche zurückkehre. Maria betete und wartete auf Gottes Stunde. Wartenkönnen gehörte zu ihrem Wesen als Gegenpol ihrer Aktivität. Sie vermochte zu warten in Ruhe und liebender Gelassenheit, versäumte aber nie die nötigen Schritte zu tun, die ihr für ihre Aufgabe nötig erschienen.

Ausblick

Wie kam ihr Institut wieder zum Leben? Die Gründerin wußte, daß für ihr Werk nur eines maßgebend sein werde: die Stunde Gottes. Immer aber, wo wache Menschen ihrer Berufung treu sind, tun sich Wege auf. Fünf Gefährtinnen standen am Sterbebett. Auch sie waren fähig, ähnlich wie Maria Ward, auf Gottes Stunde zu warten, aber auch den Weg zu dieser Stunde zu bereiten. Die fünf Frauen erinnern an die »Fünf Schwestern«, die berühmten fünf Glasfenster im Minster von York. Durch ihr Graugrün dringt das Tageslicht nicht in seiner vollen Helle. Die fünf Frauen waren traurig beim Abschied von der, der sie soviel verdankten. Nun gingen sie, eine lebensfähige Gruppe, die zusammenstand, den Weg weiter, den sie mit Maria Ward begonnen hatten.
Die fünf Gefährtinnen trugen Maria Wards Werk in die Zukunft. Winefrid Wigmore und Catherine Smith von der allerersten Gruppe waren etwa im gleichen Alter, wie Maria Ward. Sie gingen mit Mary Poyntz nach Paris, wo Winefrid und Catherine starben. Mary Poyntz wurde von Paris nach Rom berufen; sie übernahm nach Barbara Babthorpe die schwesterliche Sorge – es war kein offizielles Amt – für die verbliebenen Gefährtinnen und gründete 1662 das Augsburger Haus. Anne Turner war seit der ersten Romreise an der Seite Maria Wards. Sie sorgte für die Gründerin in gesunden und kranken Tagen, auch in den Wochen der Gefangenschaft. In einem Brief Marias aus dem Angerkloster ist zu lesen: »Anne geht es gut, und sie macht alles gut«. Sie gehörte zu den Schwestern, die durch ihren bescheidenen Dienst das Institut aufbauen halfen, selbst aber im Hintergrund blieben. Frances Bedingfield, die Jüngste im Kreis, gründete im November 1686 den Bar Convent in York. Er wurde die älteste weibliche Ordensniederlassung in England seit der Reformationszeit. Die erste Gründung der Francis in Hammersmith bei London (1669), bestand bis zum Ende des 18. Jahrhunderts.
Um 1690 gab es Englische Fräulein in München, Augsburg, Burghausen und York, die sich dem Mädchenunterricht widmeten. Die Niederlassungen standen unter dem Schutz der Bischöfe. Eine kleine Gruppe von Gefährtinnen lebte bis zur Jahrhundertwende im Maria-Ward-Haus in Rom bei Santa Maria Maggiore. Das große Fiasco, das Maria durchlitt, um Gottes Auftrag zu erfüllen, lohnte sich. Als sie starb, stand der Baum kahl da. Aber Blätter und Blüten kamen hervor. Der Baum trieb neue Zweige.